走入西藏

十三年專業導遊找到祝福生命的力量

李茂榮、陳卓君——著

推薦序一

西藏帶他「步步高升」

李啟端

他不是作家，但是當他告訴我他即將出書，希望我幫他寫序時，我一點都不訝異。因為沒有人比他更有資格寫西藏了！他是「發現者旅行社」的創辦人李茂榮，也是我的電腦老師。

是他送了我第一台電腦，是他教會了我用電腦

回憶八年前，他帶我去西藏回來，說要送我回淡水，車子一進淡水，他悶聲不響地就開到一家電腦公司，買了台電腦說要送我。當時是有點強迫中獎的感覺，但真的很感動，因為一路上他不停地說服我，「什麼時代了？一個寫作的人不會電腦！」我說我排斥所有機器的東西，我喜歡爬格子的感覺！他不死心地說：「等把妳教會了，妳就知道它有多好用，多省時省力又便捷。」

當時他只是一家不算有名的旅行社的靠行經理，實際上屬於他的只有他們夫妻兩個人。他是那麼忙，每天卻不定時地在電話中幫我進行電腦教學，不用說他教得辛苦，我學得淚汪汪，有幾度都想放棄了。有句老話說「七十歲學吹鼓手」，我何苦這麼

累？但一想到他如此用心良苦，我能辜負人家一番好意嗎？而且他下這賭注顯然是惜才，別無所求，只希望我學會後除了方便自己寫稿，能更順利地完成環遊世界的夢想之外，也能打一些世界各地的資訊給他。當時我只走了不到九十個國家，尚未開始自助、進入蠻荒。

幾天後，他覺得電話教學，教與學雙方都很吃力，他換了個方式，讓我每天上午去他公司上半天班。我很準時，每天由淡水去南京東路，他在他們夫妻中間給我安排了一個座位，我幫他打字，一有問題馬上問，實地演習，兩面夾攻，果然效果神速，才一個禮拜，他就說我畢業了，下禮拜可以在家工作了。

如此積極，便是他成功的元素！心中有了目標就毫不猶疑地去做，一旦做了，就只許成功不許失敗。

說來，他的為人是謙虛溫和的，個性卻十分執著倔強，對老闆也一樣絕不逢迎，他認為對的事絕不低頭。這種個性，注定了他必須自己創業。沒多久，我就聽夫人說他們離開了那家公司，我當時很為他擔心，他禁得起這樣的挫敗嗎？然而，過一陣子他就來電說自己組了家公司。

在「發現者」誕生的開幕茶會上，沈文程也特地來捧場。我看到他租了一間好大的辦公室，隔開的座位怕不只二十個，心想他真有野心，才起步呢，哪來那麼多職員！

那是五年前，正值旅行業一家家倒閉。但是，他不但屹立不搖，還越做越大，原本的空位全填滿了人，而他旗下包攬的人才很多曾經是響噹噹的旅遊界翹楚，曾經都是號令職員的領導人物！

是受愛戴的領隊，是窩心的醫生

當時行走世界十五年的我，總是那麼隨心所欲，唯獨一心想征服那塊「高高在上」的世界屋脊——西藏，卻始終跨不出腳步，原因便是對高山症的恐懼！西藏因為地勢太高，海拔平均都在四千公尺以上，所以氣壓低，空氣含氧量比平地少三〇％，絕大多數人初到此地，都會有不同程度的高山反應。

有一天，我無意間看到一個新疆絲路的行程，內容十分吸引我，便撥了電話過去，短短不到十分鐘的談話，我就決定報名參加了。這在一個走了近百國、對行程要求向來嚴苛的我來說，如此匆促決定還是頭一遭。主要是負責人讓我感覺踏實可靠，在他平易又充滿自信的談話中，我聽出了誠懇、感覺出了熱忱，尤其是他對我提出的重點或細節，都不厭其煩地給了我滿意的回答……。我與李茂榮的緣分，就從這裡開始。

出發那天，該旅行社同時有兩個團搭同一班機到香港轉機，他是西藏團的領隊，在櫃檯辦 check in 時，我看到一群絲路團員圍住他抱怨，「早知道不是你帶團，我們就不報名了！」他笑著安撫大家，「一樣一樣，劉小姐是我帶出來的領隊，很優秀的。」一位團員對我說：很多人都指定要他帶，他經常忙得分身乏術。我當時想「他究竟是怎樣一個人？為何大家這麼信賴他？」，我很快就得到了答案。

我因前一晚朋友餞行，吃日本料理，今早天沒亮就被肚子鬧醒，而且鬧得很凶，心想「完了！出國最怕就是拉肚子，這一路可有罪受了！」。

吃了保濟丸一點都沒用，在香港機場買了特效藥也止不住。想不到他不是我的領隊，卻細心地注意到我一直在跑廁所，於是叫我過去坐下，自己就蹲在我面前，開始幫我指壓穴道，捏手掐腳的，二十分鐘下來我痛得哇哇叫，他自己也滿頭大汗。我想起了他給我們的手冊上，一條條注意事項裡就涵蓋許多醫療常識，原來他對醫學也頗有研究。上飛機時，他仍一路注意著我是否有任何不適，如此細心負責的經理還真少見。兩個團在成都分道揚鑣，到了烏魯木齊又接到他的電話，還是關心我是否好了，真的覺得很窩心。

他圓了我攀上世界屋脊的夢，幫我登上旅行生涯的顛峰

第二年七月，發現他又要走西藏，早聽說他們公司最拿手的行程就是西藏，而他又是帶西藏團頻率最高的領隊。在意外頻傳的當時，他總能快快樂樂地帶團出去、平平安安地帶團回來。當他知道我的工作（也是樂趣）是探索世界、寫旅遊報導，卻從沒到過西藏，就很替我著急，說什麼也不讓我有所遺憾。他說西藏那種大山大水的宏偉景觀，全世界都找不到，而這塊佛教聖地的特殊人文與建築，更值得我一個以旅遊為業的人去探索，他說：「妳一定要親自去體會一趟，否則我敢說妳會遺憾終生！當

然，也確實有人出了些意外。」他說他剛帶回的那一團裡，就有位女老師一到拉薩就昏迷了，是他將她從生死邊緣拉了回來！

經過女老師的事件後，一般人也許就再也不敢帶西藏團了，但他卻越挫越奮。他說有了這次經驗後，他更不怕帶西藏團了，因為他有把握如何教客人預防高山症，如何去處理、急救一個即將倒下的高山症病人！「我有信心帶妳去，就有信心帶妳回來。」他說。人不能因噎廢食。聽他一番話，給我的效用是：就算此行是條不歸路，也值得一走；縱使賠上性命，也值得去冒險！我終於克服了心理障礙，踏出了一直沒有勇氣跨出的腳步！

在我從世界之顛回來後，接下來的一次是他帶沈文程的外景隊，結果一位導播也差點命喪高原，全靠他急救得當，才能有足夠時間送回成都治療，挽回一命！

這之後他走得更密集了，我打電話去，十次中有八次都說他帶團去西藏未回。有一回我問他，「你走西藏像走家裡廚房，還有好幾個春節都在西藏過，你不累不膩呀？」他笑著回答：「可能我上輩子就是西藏兒女吧！」想來，他已經愛上西藏了吧！有幾次他將一支十六天的團送上飛機後，自己就留在拉薩等著接下一團的人！所以他在世界屋脊經常一待就是整整一個月，一連照顧兩個團，顯然他不僅有一顆堅毅溫柔的人，還有一身超人的體力呢！

我叫他拿破崙，想送他一座凱旋門

英雄不怕出身低，在聊天中，他常不避諱地說起自己年輕時什麼工作都做過，有一次他還說起前一段失敗的婚姻，那是他生命中的痛，這段黑暗歲月幾乎讓他一蹶不振！幸運的是上天給了他的第二段婚姻，還幫他找來了一位體恤他、讓他無後顧之憂的好牽手。

因為他不屈不撓的毅力，因為他勇往直前無所畏懼的勇氣，因為他能吃苦耐勞、遇挫敗仍屹立不倒，我叫他拿破崙。拿破崙的字典裡沒有「失敗」這兩個字，而他的字典裡則沒有「做不到」這個詞。他對這個稱呼的反應是「我有那麼矮、那麼醜嗎？」。

雖然「發現者」創辦至今才五年，一九九四年和二〇一〇年他本人就兩度榮獲觀光局評定為優良觀光從業人員；而二〇〇六年和二〇一〇年又兩度獲得北市旅遊業職業工會二星陽光獎章，這一個個的榮耀絕不是偶然，我去幫他拍照時真的是與有榮焉！

他是從西藏起家的，如今也是因西藏而「步步高升」。雖然現在他的出團目標已經擴展遍及五大洲，甚至觸角也已遠及衣索匹亞等地區。他這個打不倒的巨人，自信心更茁壯了！祝福他能為台灣旅行業創造一座光輝的凱旋門！

李啟端　一個曾自費前往全球一百多國旅行的素人旅者，進入全球偏遠地區的特色民族世界，用獨特的觀點觀察各個少數民族，並以文字和相機記錄下所有經歷，與當時的心情和感動。

推薦序二

沒去西藏之前，千萬不能死！

廣告作家、創意人——李欣頻

我在二〇〇二年第一次到西藏，事隔八年後，二〇一〇年夏天再度去了西藏，跟的是李茂榮的團。這兩次西藏之旅，我都是全團第一個有高原反應的，也是全團使用氧氣筒最頻繁的一位，但我至今仍然想再去西藏。因為人到了西藏，無瑕純淨的山、天、湖，以及純真的藏民、讓人心生虔敬的廟宇……，才發覺此生若沒來就等於白活了。而西藏極艱苦的旅程，也正考驗著我們的心性，有修行的人修到什麼境界，只要來到西藏就見真章了！

所以當朋友問我西藏值不值得去時，我都會說：「沒去之前不能死，去了之後就不想死！」如果《西藏生死書》是每個人必讀的心靈聖典，那麼李茂榮的這本書就是每個人必看的《西藏生命書》！

第二次跟李茂榮的團收穫特別大。他沿途不僅很細心地照顧每個團員的生活起居，也同等心地對待工作人員，讓我覺得他就是一個活在人間的修行人，我從他身上學會許多做人的道理與慈悲之心。最大的收穫，還包括他沿途跟我們說的小故事，這些不是旅行社的「罐頭故事」，全部都是他親身經歷、親身感動的第一線生命體驗——我們在短短十多天的旅程中，他跟我們分享了十多年的西藏體悟，讓我彷彿也瞬間學會了十多年的生命智慧，真的不虛此行。

回台灣後，對李茂榮的故事還念念不忘，覺得如果沒有跟大家分享就太可惜了，於是促成這本書在馬可孛羅文化出版，並內舉不避親地推薦了自己的表妹卓君來撰寫，謝謝郭總編輯玉成此事，主編維珍願意承擔瑣碎的編輯彙整工作，讓這些動人的篇章，特別是〈一支冰棒〉、〈一個都不能少〉、〈不要對賜我們一口飯的人批評〉……這幾個當初讓我流淚，事後影響我一生的故事，得以在讀者面前呈現。

所有去過西藏的人，一定要看這本《走入西藏——十三年專業導遊找到祝福生命的力量》，你可以透過本書，把西藏的生命深度納入你的視覺中，讓記憶中的西藏更鮮活！沒去過西藏的人，更是非看這本書不可，你必須讓這些發生在西藏的真實故事，在你的心裡灌溉出沃土，將來到了西藏之後，所有動人的天、山、湖、人之美，才能在你已有的沃土中，茂長出動心的西藏生命風景！

自序

西藏，化解我心中的恨

會走入旅遊業，會走入西藏，沒有冠冕堂皇的理由，全因走投無路，全因心中的一把怨恨之火。

失望、怨恨、窮困讓我走入旅遊業

十八歲時投入軍旅生活，卻因為不懂得逢迎拍馬而失去進修的機會，讓我對國家心灰意冷而決定退伍。之後，因為沒有一技之長，開始我長達四年的飄浪生活；做房屋仲介卻因為放不下身段，半年一間房屋都沒賣出而作罷；好不容易擺地攤賺錢，卻被人舉發取締；到車場當學徒，卻被警察陷害，成了扯老闆後腿的告密者，而被迫離開車廠。最後走投無路只能轉去開計程車，沒事就上街頭跟著遊行抗議、丟石頭，發洩我對於政府的失望、對國家的憎恨。

當時已經三十二歲的我，一心只想離開讓我失望的台灣，想到旅行社說不定是移民國外的跳板，於是就這樣誤打誤撞踏入了旅遊業，一待至今就是二十一年。我從旅行社外務做起，抱著破釜沉舟的決心，每天下班趕到學校進修、憑著兩週內背完整本中國旅遊景點簡介的毅力，從跑腿外務轉為設計旅遊行程的線控，之後成為絲路旅遊行程的專家。在這段時間，我歷經了失婚、舉債且幾乎身無分文的日子，住在只能擺下床和桌子的洗衣店倉庫。每天晚上回家路過小吃攤，只敢點兩塊豆乾、海帶和一小杯五塊錢的米酒，慢慢耗到攤子打烊才回家。

原以為人生可以就此順遂，但人要是倒楣，連喝水都會塞牙縫。原本在絲路旅遊市場建立的六年口碑，卻因為競爭對手的出現，三個月內讓我的生意一落千丈，對手一夕之間成了絲路專家，而我們卻成了什麼都不是的狗屎。

走進西藏，讓我放下心中包袱

走投無路的我，只能開發更新的旅遊市場。西藏，成了我唯一的選擇。

一九九八年，我第一次帶團進西藏，當時的生活條件都很差，沿路上看到滿街的乞丐。從退伍以來心裡一直埋著許多憤恨不平的我心想，這裡還有這麼多人生活得這麼辛苦，我還要怨恨什麼？比起這些乞丐，生活算不錯的我們還有什麼好求的？路上多少人是挑著水或重擔長途跋涉走到拉薩，為什麼我們在心境上不能「走過去」？難道不能念頭一轉，繼續過我們的生活？到了西藏，我明白自己應該要往前看，不要留在過去總覺得不公平、被陷害的情結裡。

心中的恨與不滿一直到帶西藏團的第三年，第一次走進了後藏，看到了阿里的大山大水，我才真的開始放下心中的包袱。那次行程路況很差，路上布滿石頭、高低不平的沙土，遇雨車子容易打滑，所以還特地安排一部大卡車載著帳篷、睡袋、睡墊和廚房裡的鍋碗瓢盤，隨時準備就地紮營、找水煮飯。

就因為路程辛苦，才讓我覺得阿里的美尤其難得。到了藍得不像話的瑪旁雍措，看著湖旁的納木那尼神山和岡仁波齊神山襯著藍天，久久不捨離去。看著美景，我深深覺得，要不是那段不公平的遭遇，讓我決心想要離開台灣，我就不可能踏入旅遊業；沒有遇到窮困的時刻，我就不可能把握機會去開發特殊旅遊行程；沒有絲路行程的大起大落，我更不可能走進西藏、享受阿里的美景；要不是因為之前屢屢出現的人生絕路，逼得我不得不轉向，讓我最後只能走入西藏，我可能這輩子就此與西藏、阿里的一切美景無緣了。要不是因為前面二十多年所遭遇過的艱辛，我又怎能體會阿里這般的美景是如此美好？

我這才明白，西藏阿里是老天爺給我的方向，祂希望我能放下過去，心中才有空間填放其他美好的事物，才能走出美好的旅程。常有團員說我很幸福，因為我比一般人有更多的機會去體驗西藏的美。也因為前面這些不只是挫折，也是考驗，讓現在的我比起任何人，都更能享受這般美景。

十三年西藏行寫出人生故事

擔任西藏專業領隊長達十三年的我，比起一般旅人，我有更多與當地藏族互動的機會，發生了許多發人深省的小故事，在物質條件如此貧瘠的西藏，從一杯茶、一個乞丐、甚至是一個孩子，你都可以感受到最真摯動人的人性光輝，領略到生命中最單純的快樂與知足。或是從我、來自不同背景的團員與當地藏人之間的互動中，你能看到因為文化差異而出現的爆笑對話、生死交關的感人時刻、苦盡甘來的大徹大悟，或是捐助當地偏遠小學、醫院、寺廟的點點滴滴。藉由領隊、團員和當地藏人三者間，交織出一個你從沒聽過、看過的西藏。

進出西藏已經超過七十次的我，足跡踏遍整個藏區，不僅讓我舉手投足間與道地藏人無異，加上幾句口音無異的藏語問候語彙，還常被誤認為是藏族同胞。豐富的帶團經驗不僅讓我對各地藏區的風土民情、行程景點瞭如指掌，對當地節慶、習俗、歷史典故也能如數家珍，熟知如何處理高原反應與旅遊緊急應變措施。透過本書，我詳細地介紹西藏風土民情與旅遊注意事項，希望能藉此導正錯誤的觀念，讓對西藏旅遊有興趣的人，都能夠無後顧之憂地去享受這一生一定要體驗一次的第三極地之旅。

我始終認為，不要讓自己成為一個沒有故事的人。我用了十三年的時間寫下了屬於自己與西藏之間的故事，希望透過這本書，讓不管是否到過西藏的你，都能有相同的啟發、感動。也希望讀完本書的你，都能寫出屬於你自己的人生故事。

（李茂榮口述／陳卓君撰述）

目次

下篇 不一樣的西藏，正確的玩法

西藏，心靈的故鄉

西藏對我來說不是異地，
她是我心靈的故鄉。
那個地方，溫潤香醇似酥油茶，
像親人的手輕撫過你的胸膛。

人生轉折——從一幅唐卡說起

踏入旅遊業後，我的人生並非從此一帆風順。沉重的經濟壓力和同業間的競爭，讓我負債累累，也幾度對旅遊業心灰意冷。但從二〇〇三年開始到二〇〇五年，我從靠行導遊轉變為旅行社的老闆，不僅心想事成地償還了債務，甚至開了我理想中的旅行社。

事後想來，這一切，或許可以從一幅唐卡說起。

從我一九九八年開始走西藏路線後，漸漸有競爭者冒出，為了繼續保有優勢，除了往更高難度的後藏阿里行程開發外，也嘗試開發不同主題的西藏旅程，例如全台灣首團到西藏過藏曆新年的行程，還有騎腳踏車遊西藏上珠峰大本營，以及到珠峰跨年、迎曙光。

財務吃緊、同業惡性競爭的雙重壓力

當時還在東X旅行社靠行的我，除了每個月要交給旅行社的租金成本，還得自行籌措周轉金，用來支付預定機位的訂金、出團換匯的需求等。再加上小孩的生活費、學費，以及每個月的房貸、車貸等固定支出，儘管我已經省吃儉用了，但林林總總的支出還是壓得我喘不過氣，最後甚至累積了高達四、五百萬的債務。

除了財務的壓力，同業間的惡性競爭，讓我壓力更大。在我第一次要帶團到西藏過藏曆年時，旅行社老闆一接到客人電話，聽到是要參加我的團，馬上就跟客人說：「你不要去西藏啦！去西藏會死人的！我介紹你去峇里島。」

事後，我生氣地去找旅行社老闆理論，拍桌子大罵，「你明明知道我已經做西藏團這麼久了，為什麼你要跟客人說去西藏會死人？為什麼要搶我的客人？少了這六個人報名，我的團很可能一來一回就損失八十多萬元！」老闆想衝過來打我，我狠狠地踢了老闆，差點把他踢出窗外。這一踢，我也不得不離開那家待了八年

前往西藏第一所寺院「桑耶寺」，必須共乘渡船橫渡雅魯藏布江到彼岸，如同我們成功橫渡每個生命階段時，都得感恩有緣同船渡的貴人。桑耶寺建於西元八世紀中葉，由藏王赤松德贊出資、藏傳佛教祖師蓮花生大師及靜命大師監督建成。

的旅行社，轉到了另外一家旅行社靠行。

換了家旅行社後，惡性競爭變本加厲，連同在一間辦公室裡的靠行同事都互搶生意。坐在我隔壁的同事，明明知道我是專做西藏團的，接到客人打電話來問西藏團的訊息，卻硬是不把電話轉給我。

你要做這些，幹嘛不自己開公司？

這中間，我嘗試到其他旅行社找機會，希望能用我在大陸旅遊方面的know-how，幫旅行社建立更好的制度和流程。早在我進入旅行業的第二年起，我就有一些如何經營旅行社的想法。當時我剛帶絲路團，觀察到日本旅行社會製作一本團員手冊，上面除

了介紹風土民情和禁忌，還會標註每天行程距離、經過哪些山谷、海拔高度、用餐時間等。另外還留有空白表格，方便團員在導遊每天晚上宣布住宿房間號碼後直接填上。他們體貼客人的精神深深印在我腦海裡，覺得別人可以做得這麼盡善盡美，難道台灣的旅行業不能夠多用心一點嗎？

當我到第二家旅行社——飛X旅行社時，我曾向經理提出一些更好的顧客服務，例如提醒那些護照或簽證快到期的客人去更新或加簽，不要因為一時疏忽，就無法順利出國度假或洽公。我認為這些窩心的服務，才是真正到位的服務業。但是當我提出這些想法時，老闆都當我在放屁，根本不把我說的建議放在心上。

為了實踐我心中的理念，在往後的

右頁：西藏山頭熟悉的畫面：印有經文的各色經幡。藏人相信，藉助大自然風的力量，能夠將經幡上的經文和祈願吹上天。

上：下雨天看不見岡仁波齊神山的頂端，卻意外在神山腳下的大金寺登山口前見到難得的一道完整彩虹。就像是人生旅途中總有許多不可預測的變數，也有許多意外的驚喜等你去發現。

五、六年間，我和許多旅行社老闆談過，請他們給我機會讓我幫他們賺錢，但是這些老闆不是沒有長遠規畫的投資意願，就是抱著只想抄襲的心態，不然就是潑我冷水說：「你要做，幹嘛不自己開公司？」

這些挫折讓我覺得：難道我李茂榮的理想就真的這麼難實現嗎？我不相信。明明可以做到更完美，為什麼不做？

唐卡牽起創業緣

在碰壁過這麼多次後，我了解我的理念無法在這些大公司裡實現，我也知道繼續靠行，惡性競爭只會越來越嚴重，因此我開始有了創業的想法。但要創業，得先處理掉眼前所有的債務。

碰巧在二〇〇三年，我帶著團員到拉薩八角街上的唐卡藝術村逛，看著看著，看到了一幅我很喜歡的唐卡，上面畫的是四大天王中的黃財神，旁邊還有咬著金銀珠寶的錢鼠，畫師是用黑底描金的方式繪製，利用細到只有三根羊毛製成的畫筆，沾上礦石顏料和黃金，描繪出黃財神的神韻。

巧妙的是，在那之前，不管我過得多辛苦，我都不曾想過要買唐卡祈福，也從來都沒有蒐集唐卡的興趣。而且那時還負債的我，對於每筆開銷都很小心，更何況是一張人民幣八千元的唐卡。但是我念頭一閃，想到這些唐卡都是喇嘛花了幾個月、半年，才完成的精美工藝，如果店裡的這些都賣不出去，流通的機會越來越少，這些工藝精湛的唐卡會不會被廉價的印刷唐卡給取代，而讓這項工藝漸漸失傳了？當下，我抱著「你喜歡的東西，它就是想跟你走」的想法，買下它帶回台灣。

對我來說，那一幅唐卡是一種心靈寄託，想著以前一餐就只有一份豆乾、海帶和一小杯米酒的窮困都能挺過來了，眼前債務應該也能順利償還。或許是天助自助者，從二○○四年的四月到七月，我出的團越來越多，一年的團量從五、六團增加到十五團，讓我順利在那年還清了債務。

之後我又希望存錢創業，結果我真的賺到了一筆錢，夠讓我開一家公司。二○○四年九月，我把創業的時程表全部訂了出來，包括找辦公室地點、裝潢、完成營業執照申請等步驟，並且準時地一一完成。二○○五年，我順利成立了自己的旅行社，實踐我的理念。到了二○○七年，我公司一年的出團量就超過了四十團。

沒有理所當然，面對未知只有感恩謙卑

若是十年前，我可能還沒有那個信心去開一家公司。或許這幅唐卡的出現，是老天爺提示我說時機到了，讓我有信心去努力抓住這個機會，才能讓我現在有一點小成就。我常覺得，如果老天爺沒有幫我，我就沒有這樣的成就。

很多客人跟我說，他買唐卡是為了求平安、求升官發財，或者求健康、感情，並覺

得事事都「應該」在買了唐卡之後變得順遂，但我卻不這樣認為。我也會提醒客人，並不是買了唐卡就能凡事如願以償，也不是只靠你個人的力量就能達成所有的願望。我曾碰過一名團員，每次用餐時就會大聲評論行程應該要怎麼走才是對的，影響大家用餐的情緒。我發現後就跟那名團員說：「今天我們走的行程是在台北就已經交給大家了，如果要改，當時就應該跟我反映，而你們當時也都同意這個行程。我今天是照表操課，按照我的經驗安排最合適的行程。」但他還是聽不進去，我繼續說：「這世上『應該』的事情很多，我們五十年前就『應該』反攻大陸。」當他還想要反駁時，他的朋友馬上就制止了他，要他不要再批評。

對我來說，周遭的人、事、物沒有一項是「應該」要怎麼樣的。在西藏，面對瞬息萬變的氣候、路況，沒有任何事情是理所當然的，行程也常常因為未知的狀況變得非常艱難。在大山大水前，人的力量變得如此渺小，單是我們的能力是無法隻手撐天的。每次能平安的從西藏帶團回來，都代表這絕不是我一個人的能力就能辦到，有太多時候是藉著途中所有人的協助、老天爺的眷顧才能平安歸來。

同樣的，在人生的道路上，我一直用一種謙卑的心，把身邊所有的人、事、物都當作我學習的對象，包括我的團員、導遊、師傅，甚至是僅有一面之緣的陌生人，從旅程中所遇到的點點滴滴中學習，讓自己變得成熟、懂得感恩，並且秉持著一個方向，努力地去把我們想做的、能做的事情做好。若是自滿地覺得只需自己的能力就可以完成，事情也往往變得困難重重。

走在阿里地區最尋常的美景：清澈的湖水映著藍天、白雲和遠方的山群。每看一次，心中的包袱就會放下一些。

唐卡是貴是賤，存乎一心

以前，我不屑有些導遊帶客人去買只有幾百塊人民幣的印刷唐卡，覺得這些導遊怎麼可以騙客人花冤枉錢。印刷製成的唐卡往往整片都是膠，幾分鐘就可以印出好幾十幅，和那些喇嘛用幾個月、甚至幾年時間所畫出的唐卡相比，這種印刷的唐卡顯得沒收藏價值。但是在實際拜訪過藏族人家後，我才發現，他們每天禮佛所用的唐卡，其實都是不講求畫工技巧與藝術價值的印刷唐卡，卻一點也不減少他們的虔誠之心。一直以為只有講求畫工的唐卡才有價值的我們，才是真的對這些畫有佛像的唐卡有著貴賤分別之心，用最世俗的金錢，去衡量這些同樣都能帶給人們心靈寄託的佛像。

我常跟客人說，想要買唐卡，就不要去想什麼真假，想買就買。不管是什麼形式或畫工的唐卡，所帶給你的是一種心靈寄託，想要順利

有緣見到雲霧退散的岡仁波齊神山的峰頂，藏人認為這是很有福氣的事情。此神山同時被印度教、耆那教、苯教及佛教尊為世界中心，常有大批來自印度、尼泊爾的香客或藏人來此轉山。據信，轉岡仁波齊神山一圈，可以洗清輪迴罪業；轉十圈可以洗清這一生所犯罪業；轉百圈則今生可成佛。

達成願望，終究還是需要自己的努力，加上謙卑的學習態度，並且懂得感恩老天和所有幫助過你的人。

這，才是我們一生真正的功課。

唐卡的由來與鑑賞

唐卡是一種捲軸畫，畫的多是佛像、佛教故事之類的內容。唐卡的出現，最早是因地制宜而形成的工藝。

在西元七、八世紀，第三十八代國王赤松德贊為了宣揚佛教，請了蓮花生大師等許多佛家專才到西藏，大量培養翻譯人才、翻譯佛經，在山南建立西藏第一所寺廟——桑耶寺，並且宣布佛教為國教，從此佛教不再只是皇室的信仰，一般平民也開始信奉佛教。在佛教裡，禮佛需要佛像，定居的皇室可以到寺廟裡去拜佛，但是對於時常要遷徙的游牧民族來說，泥塑、木製的佛像常在搬運過程中不小心損壞，也不方便移動。為了讓游牧的平民百姓能夠方便禮佛，於是就從實體的佛像漸漸演變為將佛像畫在布上，每當要轉換牧場時，只要把唐卡捲起來就能輕易地帶著到新的牧區，一等帳篷搭好，就能再把唐卡掛起來禮佛。

工程慎重：一邊持咒，一邊繪製

剛開始一般老百姓會去寺廟裡請唐卡回家做禮佛之用，當時唐卡上畫的都只是佛像大概的樣貌。一直到西元十三世紀西藏佛教後弘期，唐卡才真正發展成一種工藝。當時薩迦法王八思巴被元朝忽必烈尊為帝師，開始西藏政教合一的時期，佛教蓬勃發展，唐卡這項工藝才真正被重視。

唐卡所使用的是亞麻布，製程是必須先用石灰水不斷磨布，磨一個小時之後拿去陰乾一個禮拜，之後再磨另一面，一直反覆磨三、四次，如此處理過的亞麻布才不會因為畫上顏料而暈開。接著喇嘛會依照《佛教造像度量經》所規範的尺寸等進行構圖，例如釋迦牟尼佛旁邊的應該是什麼、手勢應該是什麼等等。再用礦石顏料上底色、描繪圖畫、著色等，全程都由喇嘛一邊持咒、一邊繪製。

難度高的唐卡繪畫技巧

在所有唐卡繪畫技巧中，「堆金」應該是最困難的技法之一，利用黃金做為顏料，一層一層地把顏料堆疊在畫布上，完成後不管是佛像或畫中的建築物，看起來都是立體的，儘管捲起唐卡收藏，這立體的「堆金」也不會裂開。「堆金」技法除了需要礦石顏料，還需要水銀，所以畫堆金的畫師比較容易中毒。至於同樣是高難度的「描金」技術，則是畫師用只有三根羊毛製成的極細毛筆，描繪細如髮絲的線條。因為這項技法非常傷眼力，加上喇嘛常常在燈光昏暗的地方畫唐卡，時間久了對視力有害，所以很多喇嘛才四十多歲視力就不太好。

唐卡所用的天然礦物顏料不只黃金，還包括用紅珊瑚、綠松石磨成的粉，不過現在有些唐卡是用工業顏料繪製而成，收藏價值相對較低。唐卡畫得越精細、空白處越少的，通常收藏價值也較高，因為畫得越精細的唐卡，所花的時間從幾個月到半年不等。另外，畫布邊緣與畫的本身是否呈水平，也是決定唐卡價值的一環，如果畫本身不平整，用畫框裱起來的時候，明顯可發現有部分空隙或被遮到之處，代表這唐卡的品質不佳。

聖域壇城：唐卡另一種常見內容

唐卡所繪製的內容除了最常見的佛像，還有佛教故事和「壇城」。至於唐卡

所畫的佛教故事，有宗喀巴大師曾經求道於幾位大師的過程，或是釋迦牟尼佛曾經生活過的八大聖地，包括出生、成道、講經、涅盤等過程的地方。唐卡中也有為數不少是以「壇城」為主題，「壇城」梵文音為「曼荼羅」，是密宗修法的專門場所。這是一種方、圓相互間隔，以十字軸線對稱，再加以九宮來分隔的建築形式，原先是密宗法師做法的壇位，學習密宗修行者為了防止外物（惡）的侵擾，在修行的場地築起高台。

後來將神佛順位，加上宇宙方位，就構成了密宗的宇宙觀與世界觀的星象法門。密宗修行者閉關修行時，壇城就成了觀想出來的西方極樂世界，是指諸神所在的宮殿淨土。

上：唐卡中也有不少是以「壇城」為主題，壇城的梵文音為「曼荼羅」，是密宗修法的專門場所。這是一種方、圓相互間隔，以十字軸線對稱，再加以九宮來分隔的建築形式。

下：這張是我收藏的第一幅唐卡，畫中為四大天王中的黃財神。畫師用黑底描金的方式描繪出黃財神的神韻，旁邊則是咬著金銀珠寶的錢鼠。

一支冰棒

受到詹姆士・希爾頓（James Hilton）在一九三三年出版的《失落的地平線》（*Lost Horizon*）一書的影響，許多人開始追尋書中所描述的美景究竟在何地，而位於雲南迪慶州的「中甸」被認為與書中所描寫的相似度極高，隨即爭取更名為「香格里拉」成功。但之後陸續有其他地區，都認為自己所屬的鄉鎮才是《失落的地平線》一書所描述的香格里拉，例如四川稻城亞丁，也向官方爭取正名，成為「香格里拉鄉」。不過在這之後，為避免類似的紛爭，政府也不再為其他地方正名為「香格里拉」，雲南中甸和四川稻城亞丁就成了中國官方認定「唯二」的「香格里拉」。

在這兩個同樣依山傍水、有雪山美景、花草扶疏、景色迷人的香格里拉，居民多數為藏族，但兩地藏民的性格上差異很大。雲南香格里拉的居民或許是受到藏傳佛教的薰陶，加上松贊林寺等當地寺廟潛移默化地教化人心的因素，當地居民的性格較溫和。相對的，四川稻城居民的性格較為凶悍。過去被稱為「盜壩」的稻城，在觀光業尚未發達前，許多居民靠著替人運貨維生，也就是所謂的「馬幫」，這種必須與天爭運、與地爭路的生活條件，遇到手頭緊時，攔路打劫是常有的事情。

開朗親切的尼瑪，懂得如何生動活潑的解說西藏的風土民情，總是能讓客人在旅程中滿載而歸。

香格里拉，一個溫和與凶悍並存的天外天

在我遇過的許多藏族導遊中，同時擁有兩地香格里拉居民性格——溫和與凶悍——的尼瑪，讓我印象最為深刻。第一次遇見他，剛好是帶團到他的故鄉——雲南香格里拉。他的態度不僅謙虛有禮，在專業上他也與一般愛念樣板書的導遊不同，會用閒話家常的方式把當地的風土民情介紹給客人。例如，他會跟客人寒暄問暖，先是稱讚客人的帽子好看，順勢把話題帶到當地少數民族會戴什麼樣的帽子、不同的穿著打扮所代表意義，甚至連帽穗所代表的意義都會很仔細說明，目的就是希望每位客人都能滿載而歸。

尼瑪親切又懂得與客人互動，讓很多團員都很喜歡他，進而想要幫這個講話始終慢條斯里、對人總是客氣的尼瑪介紹個好對象。打探之下，才知道他還沒結婚也沒有女友。大家追問他原因，他才說道，因為他要全心全意照顧一個從小相依為命的弟弟，甚至不惜用自己的生命保護弟弟。只要是有人敢對弟弟不利，他的脾氣馬上一變，火氣之大一如他的名字「尼瑪」在藏語的意義「太陽」一般，讓他隨時能不顧一切地拿刀跟對方拚命，就算是為了弟弟鋃鐺入獄都在所不惜。

包括我在內，很多人都對他這種外表和個性矛盾的衝突感到不解，也不了解為什麼他會對弟弟這般呵護，他這才娓娓道來其中原委。

那一年融化掉的冰棒，成了最甜美的滋味

在他三歲那年，擔負家計的父親過世了，才剛歷經喪夫之慟的母親便帶著他和只有一歲的弟弟投靠住在雲南香格里拉的舅舅。這裡雖然是詹姆士．希爾頓書中所描寫的人間仙境，但在二、三十年前，當地的生活條件非常艱困，幾乎沒有工作機會，單親媽媽帶著兩個稚齡孩子，要求得三餐溫飽就已經很不容易，根本沒有閒錢買零食和新衣服給小孩。也因為他和弟弟從小就沒有爸爸，常常被其他小孩欺負、取笑。當鄰居小朋友有零食可吃的時候，他和弟弟只能以羨慕的眼光流著口水，問問人家能不能讓他們嘗一口。

一直到七歲那年，一個炙熱的七月天，媽媽買給他和弟弟生平第一支冰棒。他一接到冰棒，就開心地拿著冰棒在村子裡漫步大喊著，「我媽媽買冰棒給我吃了！我媽媽買冰棒給我吃了！」弟弟也學他舉起拿著冰棒的小手，跟著哥哥繞著整個村子不斷大喊，「我媽媽買冰棒給我吃了！我媽媽買冰棒給我吃了！」這種帶著炫耀的心情，是想讓村子裡所有的小朋友知道，你們不要以為我們沒有爸爸，媽媽就沒有辦法多賺錢買零食給我們，今天媽媽已經買冰棒給我們吃了，意味著從今天開始我們不再是沒有錢的貧苦人家了，你們不要再欺負我們，不要再瞧不起我們兄弟倆。

有「香格里拉」之稱的四川稻城亞丁村，有著雪山傍水、綠草扶疏的美景。圖下半部為亞丁村。

他和弟弟就這樣拿著冰棒、頂著大太陽繞了村子兩圈，當他再度抬起頭看到手中的冰棒時，冰棒已經融化得只剩下冰棒棍。兩個從沒吃過冰棒、不知道冰棒遇熱會融化的小孩，就只能舔著殘留在冰棒棍上的汁液，享受著冰棒甜美的滋味。

長大之後，即使他嘗過了許多種不同口味的冰棒，但多年前第一次嘗到冰棒的感覺仍然歷久彌新，雖然當時只能舔著殘留的汁液，卻是他記憶所及最好吃、最棒的滋味。他一邊形容，眼神中散發出的光芒帶著孩童般的滿足和喜悅，以及滿滿的自信。

砍在心上的刀，是一輩子的真情記憶

兩兄弟的深厚情誼歷久彌堅。在他十二歲那年，某天下午四點多放學後，他帶著小兩歲的弟弟，到村莊附近的小丘陵撿柴。他拿著鐮刀劈下枯木樹枝，弟弟就跟在後面撿著被劈下來的柴。當時他畢竟只是個小孩，沒辦法完全掌握劈柴力道，有次一劈，不小心砍到弟弟的小腿，長長的鐮刀就嵌在弟弟的腿上，弟弟當場痛得哭了出來。焦急的他趕緊把鐮刀拔出，弟弟卻忍著痛，馬上跟他說了句：「哥哥，還好，沒有砍到媽媽買給我的鞋子。」他趕緊揹起弟弟衝回家，讓媽媽趕快幫弟弟敷藥包紮。包紮過程中，弟弟還一直跟媽媽求情說：「媽媽，還好啦，哥哥沒有砍到你買的鞋子啦！」不斷地重複著這句話，希望能讓媽媽釋懷，也希望媽媽能原諒哥哥。

從那時起，弟弟的這句話，就像是那把嵌在弟弟腿上的鐮刀般，一直嵌在他心上。因為他不僅沒能保護好弟弟，還讓弟弟受傷，沒想到受傷的弟弟沒有責怪他，痛到掉淚仍一直安慰著被嚇壞的哥哥，還一直幫他跟媽媽求情，樂觀地說沒傷到媽媽辛苦賺錢買來的鞋子。從那天起，他就發誓，他一定要好好保護弟弟。十八歲母親過世後，他就和弟弟相依為命，扮演起父母雙親的角色，肩負起照顧弟弟的責任，之後弟弟念書的錢都是來自哥哥當導遊賺來的。

上：松贊林寺是雲南省規模最大的藏傳佛教寺院，從譽為「香格里拉」的中甸縣向北望去，就可見到這五層藏式雕樓建築群。

下：尼瑪在松贊林寺裡修行時，時常望著寺外遠方的村莊，惦記著在那裡獨自生活的弟弟。

我做的這一切，只因為那是我弟弟

正因為這樣，只要有人對他弟弟不客氣，不管三七二十一，他一定會跟那人力爭到底。例如，有次在吃飯喝酒的場合裡，有人跟他弟弟敬酒，他弟弟婉拒不喝，對方卻對他弟弟大聲回說：「你為什麼不喝？你是看不起我嗎？」在旁邊聽到這對話的他，馬上拿著刀子衝過來，為弟弟和那人理論。

曾有一位松贊林寺的老喇嘛，勸這個瘦小、個性卻很衝的尼瑪改掉壞脾氣，甚至願意打破出家年齡必須在十八歲以下的限制，讓當時已經二十二歲的他到寺裡出家，希望他能在佛教境地的氛圍下，靜下心來修身養性，改掉暴躁的脾氣，也可避免日後可能發生的牢獄之災，尼瑪也接受了建議出家。

老喇嘛怕他凡心未定，還特意安排他住在山門旁的小房間，早晚念經、勞動。但是尼瑪在寺裡修行時，始終惦記著在外面一個人生活的弟弟，擔心自己沒有收入怎麼養弟弟，所以偶爾也跟老喇嘛告個假帶團賺錢，真正待在寺廟的時間反而不多。在寺內修行期間，他仍常為了保護弟弟，三番兩頭地偷溜出去跟人幹架，替老喇嘛惹了不少麻煩。兩年下來，他終究還是放不下照顧弟弟的念頭，脾氣也未見改善，同時也不想再造成老喇嘛的困擾，因而決定結束這段修行。

一直到現在，尼瑪還是常常用他不到一六〇公分的瘦小身軀，呵護著身高超過一七〇公分的弟弟；那一個學著哥哥拿著冰棒繞村莊，跟其他小朋友宣示著從今天起我不會再跟你要東西吃的弟弟；那一個就算是被哥哥鐮刀傷到，仍忍著痛護著哥哥的弟弟。

這個故事給我們一個省思，真情往往不是在優渥的生活條件下產生的，而是患難中同舟共濟時所培養的感情。在我帶西藏團十三年的經驗裡，團員彼此互相照顧的情誼都是在最艱困的旅程中培養出來的；相對來說，走江南一類比較舒適行程的團員，彼此的情誼就比較不會那麼刻骨銘心。同樣的，親人之間的情形也是，現在有很多兄弟姊妹為了爭家產不惜上法院，兄弟鬩牆都是因為生活條件太好，彼此之間的情誼反而淡薄了。尼瑪和弟弟之間的情誼，證明了在共患難、吃苦的淬煉下，真情顯得更彌足珍貴。

苯教與宗教節慶

很多人以為藏族只生活在西藏，或是認為許多旅遊書上所形容的藏族生活習慣和風土民情均適用在所有地區的藏族。事實上，一般所稱的藏區，包括西藏、雲南、四川、青海、甘肅等地，而在這些地區的藏族，生活與宗教信仰多少有些不同。外來觀光客若不了解每區藏族不同的習俗，很容易犯大忌或鬧笑話。

以語言方面來說，這些地區的藏民，使用的藏語不盡相同。例如居住在拉薩的藏族到了阿里地區，能夠溝通的藏語可能只剩下七成。生活在青海的藏族則因深受蒙古族影響，藏語中帶有蒙古語的語調。在宗教信仰方面，整個藏區除了以藏傳佛教為主，還有原本的傳統民間信仰——苯教。

苯教：從西藏林芝以東、越接近四川的地區，融合苯教的氛圍也越強。苯教是藏傳佛教傳入之前當地的民間信仰，即使之後藏傳佛教成為主流，苯教中的許多信仰習俗仍繼續保留。例如苯教認為任何事物都有神，山有山神、樹有樹神、河有河神，為了祈求風調雨順，苯教信徒會在山口或河邊以牛頭或羊頭獻祭。至今仍可在拉薩河畔見到用來獻祭的牛頭或羊頭。

至於在四川阿霸州九寨溝的藏族，信仰的是以苯教為中心的藏傳佛教，所以轉經輪、繞佛塔祈福等是逆時針方向轉，與西藏順時針轉的方向相反。如果在當地以順時針轉經輪，則會犯了藏族大忌。

在雲南香格里拉的藏族，許多地方仍保留著苯教的習俗。過年時，他們一定會在家中或院子的牆壁畫上蠍子和卍字。在苯教裡，蠍子具有辟邪意義，卍字則是祈福。另外，不同於其他地區的藏族多半把經幡掛在山頭或寺廟，當地藏族會在家裡的瓦片屋頂正中心插上經幡旗，如果插上一支經幡旗就代

表家裡是虔誠的藏傳佛教徒；如果插上兩支經幡，代表我們家曾出了個喇嘛；如果插上三支，則代表我們家除了有喇嘛，還出了個活佛。這和其他藏區的習俗不同。

藏區信仰以藏傳佛教為主，不過藏區原始苯教中的信仰習俗仍保留著。在山間、路旁、湖邊常見到由石頭堆成的「瑪尼堆」，就是一例。苯教認為萬物皆有靈性，石頭也不例外，信徒在石頭上刻上六字大明咒「唵嘛呢叭咪吽」或佛像，祈求保祐。

曬佛節與雪頓節：各區藏族的宗教節慶也略有不同。例如很多人熟知藏區特有的曬佛節，是寺廟在該日由喇嘛請出寺內的大幅唐卡，將唐卡攤在寺內的牆壁或曬佛石壁上，一方面能讓寺內收藏的唐卡去濕除黴，另一方面則供來訪的信徒膜拜祈福。在所有寺廟中，又以哲蚌寺的曬佛節特別著名，因為該寺的曬佛節與雪頓節開始是在藏曆六月三十日。

哲蚌寺是五世達賴喇嘛創建甘丹頗章政教合一的政權之處，所以該寺在曬佛節和雪頓節的慶祝活動上規模也比較大。「雪頓」在藏語意思是「酸奶」，所以雪頓節也被稱為酸奶節，這是格魯派宗喀巴大師所創議的，他主

張人們在春暖花開的藏曆六月時要在寺裡閉關，不要外出，以免打擾在草原上繁衍後代的野生動物或昆蟲。到了閉關結束的六月三十日，許多家庭會帶著酸奶去探視在寺內當喇嘛的小孩，寺方也會在這個時候把寺廟裡最大的唐卡拿出來，讓這些來訪的家人或信徒能夠膜拜祈福。

不過，並非所有寺廟的曬佛節都在藏曆六月三十日，例如札什倫布寺的曬佛節是從藏曆的五月十三日起連續三天，第一天曬過去佛的唐卡，第二天是曬現代佛的唐卡，第三天則是曬未來佛的唐卡。白居

右頁：苯教信徒為了祈求風調雨順，會在山口或河邊以牛頭或羊頭獻祭，因此在湖邊、山頭常可見到成堆的牛角、羊角。圖為瑪旁庸措。

上：藏區的寺廟周圍通常會有轉經筒，藏民會喃喃念頌六字真言，一邊順時鐘繞著寺廟轉經筒以累積功德。

下：在所有寺廟中，哲蚌寺的曬佛節規模最大，當天喇嘛會請出寺內的大幅唐卡，將唐卡攤在寺內的牆壁或曬佛石壁上。

寺的曬佛節則是在藏曆四月十八日。

在青海的同仁縣，曬佛節則是在藏曆過年時，當地的六個村莊從初一開始，每天都有一個村莊辦曬佛或跳金剛舞、或舉行繞佛，如此連續十五天到元宵節。在甘肅的藏族是以藏傳佛教格魯派六大寺廟之一的拉不愣寺為中心，曬佛節則在藏曆一月十三到十五日三天，活動包括跳金剛舞、繞佛等。

哲蚌寺的曬佛節與雪頓節開始是同一天。「雪頓」在藏語意為「酸奶」，在這天，喇嘛結束一個月的閉關，許多家庭會帶著酸奶去探視在寺內當喇嘛的小孩。這天也會有許多藏戲表演，所以雪頓節現在也被稱為藏戲節。

藏區各地曬佛節日期（以下日期為藏曆）

哲蚌寺	六月三十日
札什倫布寺	五月十三日到十五日
白居寺	四月十八日
青海同仁縣	藏曆過年期間
甘肅拉不愣寺	一月十三到十五日

尼洋河上的月光

在西藏，一般人要克服高原反應和長途跋涉已屬不易，更何況是帶著大批器材的攝影團隊，要在惡劣環境下趕拍攝進度更是困難重重。有誰會想到，壓力龐大的攝影團隊加上藏族小男孩與母親的故事，會交織成一趟由眼淚譜出的旅行。

從二〇〇三年起到現在，有不少電視台的攝影團隊找我帶團進入西藏拍攝。帶攝影團隊與一般旅行團有很大的不同，例如隨時都得停車捕捉景點；為了選擇最好的角度呈現畫面，停留景點的時間較長，只要攝影角度、台詞、背景不對就得重拍，一個二十秒的鏡頭可能就要花上一、兩個小時才能完成。對身為領隊的我來說，掌控好攝影團隊的行程時間成了我最大的壓力，否則在任兩個景點相距動輒幾百公里的西藏，一旦耽誤行程，很容易因為天色暗、路況不佳錯失拍攝時機，或甚至發生危險。

在所有我帶過的攝影團隊中，我印象最深的，莫過於在二〇〇三年帶沈文程主持的「大冒險家」攝影團隊。這趟為期二十二天的行程，讓我見到過最多男人的眼淚，包

林芝地區的魯朗林海。林芝被稱為西藏的瑞士、西藏的江南，高達八〇%的西藏森林都聚集在這裡，是中國第三大林區。魯朗林海是在林芝地區八一鎮附近、位於川藏公路上的景點，沿路上可見松樹、草原、溪流所組成的美景。

括沈文程的淚，甚至是我自己的淚。

磕十萬個長頭有多久，就有多虔誠

行程的第七天，我們在拉薩的布達拉宮和大昭寺進行拍攝。下午一到了大昭寺門口，就看到一整排的藏人正虔誠地在寺前磕長頭。導演看到就靈機一動，對著沈文程說：「沈哥，沈哥，我們要不要做一段磕長頭？」沈文程很爽快地答應，在鏡頭前學藏人磕長頭，依樣畫葫蘆地雙手合十、手舉過頭、跪、趴在地上再站起來，但動作並不俐落。

模仿過程中，沈文程隱約發現右前方的一個小男孩不斷偷偷瞄他，兩手捂著嘴、掩不住地笑。這一笑，讓沈文程知道自己的動作錯了，但是為了不中斷節目拍攝，他還是硬著頭皮拍完。

直到導演喊卡，沈文程走向那個小孩，對著不懂漢語的小朋友比比手、頭和腳。於是，這小男孩開始示範磕長頭的動作：雙手同樣合十，但——掌心是空心，拇指內收，接著把手舉過頭、移到面前、胸前，之後再磕頭、撲地。小男孩一遍又一遍地重複，直到沈文程學會。

磕完了長頭，沈文程就透過當地導遊翻譯，問小男孩「你從哪裡來？」。

小男孩答：「我從林芝來的。」

左頁右：大昭寺前聚集了許多磕長頭的信徒。對於信仰藏傳佛教的藏人來說，一生最重要的功課就是一定要在大昭寺菩薩面前磕上十萬個長頭。

左頁中：信徒磕長頭時會念頌六字真言，雙手合十、跪膝後全身伏地，意味著用自己的身長去丈量自己這一生的功課，表示對於佛的敬意。

左頁左：有許多藏人為了表示虔敬，會捨棄搭車，選擇從家鄉徒步三步一跪前往拉薩大昭寺。因此，行走在西藏公路上，經常可見到信徒組成的磕長頭隊伍。

沈文程又問：「那是誰帶你來的？」
男孩回答：「爸爸。」
「那爸爸人在哪裡？」沈文程接著問。
他說：「爸爸回去了。」
沈文程一聽，驚訝地回問：「為什麼把你一個人留在這裡？」
小朋友回答：「因為爸爸要趕回去照顧媽媽，媽媽生病了。」
沈文程問：「爸爸把你留在這個地方做什麼？」
男孩說：「爸爸把我留在這裡磕長頭，要我幫媽媽磕上十萬個長頭。」
「為什麼？」沈文程問。
「因為媽媽快過世了。媽媽最後的心願就是希望在往生前，能夠磕上十萬個長頭。但是她生了重病不能來，爸爸就帶我來到這裡，要我在媽媽往生前，能在菩薩面前，替媽媽磕上十萬個長頭。爸爸把我帶到這裡之後，就回去照顧媽媽和家裡的牛、羊、農田。」這小男孩回答著。

對於信仰藏傳佛教的藏人來說，一生最重要的功課就是一定要在大昭寺菩薩面前磕上十萬個長頭。許多虔誠的藏族信徒，花了一、兩年時間，用三步一跪的磕長頭方式一路從家鄉來到拉薩。而這個已經獨自在大昭寺前磕長頭達兩個月的小男孩，是從四百公里遠的林芝，一路用磕長頭方式來到拉薩為母親完成遺願。

只是當時，剛到拉薩的沈文程還不知道，拉薩到這小男孩的家鄉到底有多遠。

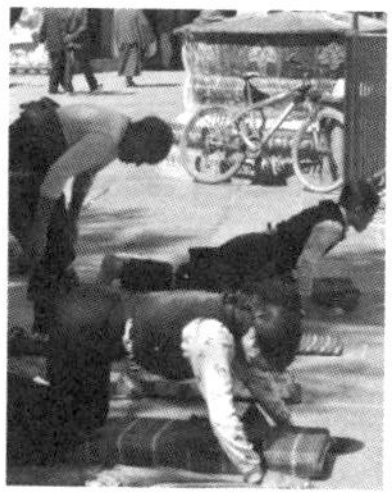

硬漢們的淚：來時路原來如此艱辛

隔天，我們必須從拉薩趕往林芝，這趟小男孩的來時路，我們走來卻是狀況不斷、異常艱辛。先是一大早，我帶已經有感冒發燒症狀的沈文程到急診室，就怕高原反應讓症狀變得更嚴重。沒想到急診室只有一名醫生，沒有護士。醫生只把退燒針打進他的血管裡，就把針筒遞給沈文程說：「你自己打，針筒推慢一點。」說完，醫生就忙著去處理另一個急診病患，留下傻眼的我和沈文程，還有一張沈文程自己打針照片存證。

因為這趟急診，出發時間延後，加上沿路上路況不佳，攝影團隊隨時需要停車取景，有時候拍不好，車子還要倒退再重拍，行程因此嚴重落後，原本應該下午三點就到的米拉山口，一直拖到晚上六點多才到。

在米拉山口，攝影團隊所拍的效果卻一直達不到導演的要求。在海拔五千公尺的山口，扛著攝影機已經很累人，攝影師還得依照導演的要求不斷重來。

到了第三次，導演看了畫面後對攝影師小龍說：「你要不要再後退一點？這效果不好。」

氣急敗壞的小龍回說：「你行，那你自己拍！」攝影班拒拍，與導演、企編形成對立的僵局。夾在中間的沈文程站在哪邊都不對，就怕說多了惹惱了雙方，現場氣氛為

左頁：尼洋河中游的支流巴松河奔騰的浪花。尼洋河是雅魯藏布江支流之一，在林芝附近匯入雅魯藏布江。巴松河的源頭則是被藏傳佛教寧瑪派尊為聖湖的巴松措。

之凝結。

在那當下，我心裡著急的不只是該如何收拾僵局，更擔心已經嚴重落後的行程會遙遙無期地拖下去，因為從米拉山口往林芝還有兩百多公里，而且路況不佳。

為了打破僵局，我說：「大家來到西藏機會難得，也都辛苦地拍了這麼多東西。或許這是最後一個鏡頭，不要因為這件事情鬧翻了，僵在這裡。能不能看在我的面子上……」才講到這裡，一路上承受著行程延遲壓力的我就先哭了。

我的一番語，馬上感染了這群到處上山下海的硬漢。一路上忍著身體不適的沈文程也跟著掉淚，並好言相勸，讓盛怒中的小龍也流下淚來。原本凝結的氣氛，一瞬間都被眼淚融化了。攝影師邊哭邊拍下沈文程和其他成員一步步掛經幡的過程，還有所有人真情流露的淚水。這一幕，後來也成為節目播出的一段。

尼洋河上的月光，就像母親的淚光

離開米拉山後，一路趕到工布江達縣用餐，離開時已是晚上十點多了。離林芝還有一百多公里的路程。當晚，我們順著尼洋河畔的公路前進。「尼洋」，藏語的意思是「母親的眼淚」。在完全沒有路燈的路上，又大又亮的月亮高掛黑夜中，月光映灑在河面上，再反射照亮了車內的我們，即便是在黑夜中也能見到彼此的輪廓。

半夜十二點多，司機忽然打破沉默，對著沈文程說：「沈老大，你們昨天在大昭寺碰到的那個小男生的家就在前面，快到了。」我明白這是安慰我們的話，實際上還要一個多小時的車程。畢竟從早上到現在超過十六個小時的行程，著實讓大家累壞了。

沈文程看著月光有感而發地說：「天啊！我今天辛辛苦苦地從拉薩坐車翻山越嶺到了這個地方，竟然還要一個多小時才能到林芝。昨天在大昭寺遇到的那個小男孩，被他爸爸帶著，三步一跪地從家裡來到拉薩，還要在拉薩大昭寺前面磕上十萬個長頭，那辛苦更是難以想像！」因為沈文程自己走過這趟路程，更能體會這對一個小男孩來說有多艱苦，當下他就在車上做了一首歌〈尼洋河上的月光〉，訴說這小男孩為母親磕長頭的故事。

隔天早上，我們到了尼洋河邊拍攝，當時正值桃花盛開的季節，整片桃花配上尼洋河的美景，讓沈文程忍不住清唱起〈尼洋河上的月光〉：

彎彎的河水呀，緩緩流過山崗
紅紅的桃花呀，靜靜吐著芳香
個兒小小的兒郎，趕著成群的牛羊
慈祥的母親啊正在煮著酥油茶
東邊那個月亮升起的時候
他就要揹起行囊，沿著河，順著光
越過雪白的米拉山
他要到遙遠的拉薩
在大昭寺的菩薩面前磕頭上香
因為那是母親，這輩子最後的願望
尼洋河上的月光，像那母親的淚光
思念著那個遠方小兒郎流浪在他鄉
尼洋河上的月光依舊那樣的明亮
盼望著那個遠方小兒郎早日回故鄉
啊～～兒郎
何日回故鄉

在雅魯藏布江大峽谷的入口處派鎮，可看到喜馬拉雅山脈中被列為「中國最美十大名山」之一的南迦巴瓦峰，海拔為七七八二公尺，終年山頭積雪不化。

沈文程唱著唱著就哭了。日後每個客人聽完這個故事，再聽到這首歌，無不動容掉淚。這個小男孩只為圓媽媽一個願望，必須離鄉背井來到大昭寺菩薩的面前，磕上十萬個長頭，祈求媽媽能夠在輪迴時投胎到好人家，或更好的，跳脫輪迴，直接到西方極樂世界。

願你們回到有母親的家

隔年二〇〇四年，我帶團來到大昭寺，有個小男生一直拉著我跟我要錢。我低頭一看，這不是一年前為母親磕長頭的小男孩嗎？

「你怎麼還在這裡？爸爸沒有來接你嗎？」

「沒有，爸爸沒有來接我。」那時候已經會一點點漢語的他回答。

「是因為你還沒有磕完長頭嗎？為什麼這麼久？」

他說，因為身上沒錢，每天一早醒來就要先去討錢，討到錢才能買東西果腹。沒有錢可以去住賓館的他，要在每晚八、九點，趁著大昭寺旁的八角街攤販收攤時，趕快去和流浪漢或外地來磕長頭的人搶空位，搶不到就無處可睡。如此日復一日的生活耗費了許多時間，磕長頭的時間就變少了。一般成年人磕完長頭挺多半年，但這個小孩要磕長頭，又要乞討過生活，需要的時間更久。

我看著他拉著一個小女孩，我就問他：「這是誰？」

拉薩街頭，經常可見到信徒邊走邊轉著轉經筒。這些轉經筒內都有六字大明咒或經文，藏民認為，每轉動一次就相當於念頌經文一次，持頌越多，表示越虔誠。

他說：「這是我妹妹。」

我驚訝地問他：「你爸爸又把妹妹帶來啊？」

他說：「沒有啊，上次就一起來了。」

原來前一年，爸爸把這兩個小兄妹留在大昭寺前，讓他們磕上十萬個長頭完成媽媽臨終前的願望。但是這一年多來，他們再也沒見過爸爸，也不知道媽媽是否還健在。

當時正在帶團的我，實在無法多說什麼，只能給他一些零錢，希望能讓他撐過一段時間。過了幾個月，當我再到大昭寺時，這兩兄妹已經不在那兒了。往好的地方想，也許他們的媽媽已經痊癒，爸爸來帶

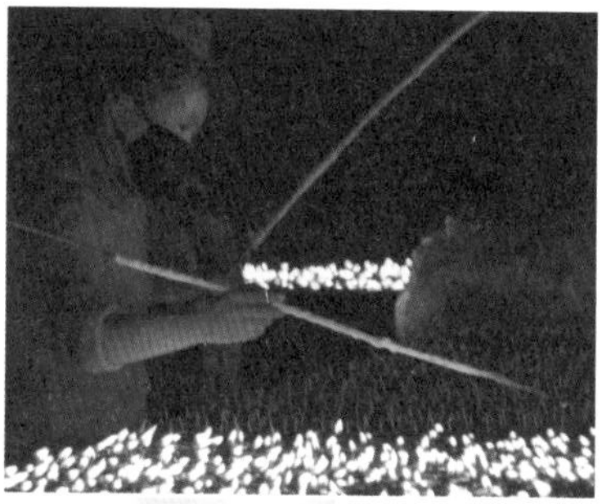

上：西藏寺院裡的酥油燈，有時也會在藏人家裡見到。信徒們藉著點酥油燈，傳達虔誠的祈禱，也希望能夠點亮智慧之心。（陳卓君提供）

下：西藏寺院裡常見的雙鹿法輪的圖騰或塑像，是紀念釋迦佛祖在鹿野苑第一次宣揚佛法。中間的法輪代表佛陀的教法，雙鹿則代表眾生聆聽說法。

兩兄妹回家了。但也許是被送到孤兒院去了，或是流落街頭。

事隔多年，每當我想起那個身形瘦小的男孩，穿著一身破爛的衣服，臉上還掛著鼻涕孤零零地站在大昭寺前，我總會心疼得掉淚。我無法了解，他們的爸爸究竟是抱著怎樣的心情，將兩個孩子獨自留在大昭寺前磕長頭一年多。無法得知他們最後的去向，我只能在心裡默默祈禱著，希望這兩個孩子能沿著尼洋河、沿著媽媽的眼淚，最後回到有媽媽的家。

西藏通

磕長頭的由來與習俗

對於藏傳佛教的信徒來說，到大昭寺前磕上十萬個長頭是這一生一定要做的功課，為的是在輪迴的過程裡，下輩子能投胎轉世到好人家，或者更好的是能跳脫輪迴，到西方極樂世界。

大昭寺的釋迦牟尼佛等身佛像

喇嘛在露天的廣場進行「辯經」。站立者通常是發問的人，針對佛法提出問題，而答辯者通常席地而坐，必須在聽到問題後馬上回答。發問者常會用擊掌或揮念珠的方式壯大聲勢，分散對方的注意力。

大昭寺裡供奉著釋迦牟尼佛親自開光過的等身佛像。原本全世界有三尊由釋迦牟尼佛親自開光的佛像，一尊是在拉薩小昭寺中的八歲釋迦牟尼佛等身像，一尊是大昭寺中的十二歲釋迦牟尼佛等身像，第三尊則是二十五歲釋迦牟尼佛等身像。在小昭寺裡供奉的八歲等身像，在文革時期遭到破壞，佛像的頭被打掉。至於二十五歲的釋迦牟尼佛等身像，則傳說是在從印度運到斯里蘭卡的過程中遇上船難，而永沉海中；也有人說是因為戰亂而消失。對藏人來說，這剩下的唯一由釋迦牟尼佛親自開光的十二歲釋迦牟尼佛等身像，就等同於祂的化身，能夠在祂面前磕完十萬個長頭，就是對佛的崇敬，也是每位藏人一生的志業。

拉薩八角街上，常常擠滿了小攤和購物人潮。八角街是圍繞著大昭寺四周的街道，過去虔誠的藏人會以八角街為轉經道轉佛。

磕長頭的方式

第一種稱「等身長頭」。有許多藏人為了表示虔敬之心，捨棄搭車到拉薩的方式，選擇以徒步三步一跪磕長頭的方式前進。人跨三步的距離相當於自己的身高，所以三步一跪，再全身伏地，表示對於佛的敬意，等於是用自己的身長去丈量自己這一生的功課，因此也有人稱這為「等身長頭」。

另外一種是「等寬長頭」，是以肩寬來丈量自己的功課，通常是面對大昭寺或佛塔，以其為圓心，向旁邊橫跨一步就磕一次。通常藏人會拿著佛珠計算磕了多少次長頭，或者是在面前擺了一堆石頭，每磕十下或二十下就把石頭從一邊移到另一邊去做計算。

選擇從家鄉一路磕長頭到拉薩的信徒，通常會以團體方式一同前往，因為在路途上，村與村之間可能相隔二、三十公里以上，中間完全沒有小吃店或住宿的地方，所以每個團體都會準備一部補給車沿途相隨，上面載滿了鍋碗瓢盆、食物和帳篷。家鄉中的有錢人會出錢贊助這些準備磕長頭的人旅費，藉此來累積功德。沒錢的人就幾個人結伴一起去磕長頭，或者是充當沿途上的補給人員。補給人員會在磕長頭的團體到定點休息之前，就先拉車到該地找水，煮酥油茶，然後準備糌粑、風乾牛肉或羊肉當午餐。吃完後，磕長頭的人繼續前進，補給人員則到晚上要休息的地方升火及搭帳篷。這些補給人員和資助旅費的人一樣，雖然沒有實際磕長頭，但是功德都是一樣的。

活著不能走到拉薩，就把牙齒留在佛前

以磕長頭方式前往拉薩的信徒，完成一趟路程可能需要許多個月，甚至以年計，需要極大的毅力及耐力，因此也不乏有人會在途中因體力不支或生病而過世，或是因為車禍意外而喪生。西藏有許多路段車道狹窄，車子在下坡轉彎處，可能沒看到前方有人在磕長頭，就直接撞上。如果遇上團裡的同伴不幸喪生，通常會留下死者的牙齒帶在身上，等到了大昭寺的佛殿，再把亡者的牙齒嵌在等身佛像前的柱子裡，代表他人雖然沒有辦法親自來到這裡磕上十萬個長頭，但他以牙齒代表不朽的生命來到菩薩面前，希望能感受到他禮佛的一片誠心誠意，讓他也能到西方極樂世界。

有些喇嘛甚至認為，如果在磕長頭的過程中離開人世，也是一種生命昇華的境界。他們認為，生命不會無緣無故結束，如果是在做這個功課的時候往生，這也是一種死得其所的境界。所以即使路途艱辛，還是有這麼多人前仆後繼地以這種方式來到大昭寺前。

許多藏人也會利用冬天農休的時候，選擇搭車來到拉薩磕上十萬個長頭，利用三到四個月的時間完成功課，以便趕在春天前回家鄉，繼續牛羊放牧或農作。這也是為什麼到了冬天，大昭寺前反而有更多藏人聚集磕長頭，而在春夏兩季，見到的多半是遊客。

敬你一杯茶

在我帶西藏團的前幾年，常常會聽到當地的導遊聊起西藏特別的節慶，例如雪頓節、薩嘎達瓦節等，讓我覺得要做個專業的西藏旅遊專門店，應該就要把這些能夠呈現西藏當地風土民情的節慶納進行程。當然，一年一度的藏曆新年也不例外。就在二〇〇四年，我首創台灣旅行業界第一個西藏新年團，帶著團員到藏人家裡體會道地的藏族新年，此後每年都會辦到西藏過新年的團。

有一天藏曆年會不會跟台灣新年一樣，漸漸失去年味

這麼堅持要繼續辦藏曆新年行程的原因，沒有別的，就是想讓團員透過與住宿家庭的互動，分享及交流台灣與西藏的過年習俗，更希望能藉由這個行程保留藏曆新年的習俗。第一次帶團去過藏曆年時，我們選在離拉薩市區約三十分鐘車程的財納鄉度過，二十一位團員拆成兩到三個人一組，分別住在這個村莊六、七戶藏人家裡。

那時我請村長安排住宿家庭的條件有幾項，包括家中必須要有人懂漢語，方便我們

左頁右：除夕傍晚，男主人會拿著點燃的稻草火把，在家中的每個角落燻一燻、搧一搧，把鬼趕出家門。最後會將火把丟到村莊的某個廣場或三叉路口、十字路口的火堆裡，驅鬼儀式才算結束。

左頁左：藏曆新年時，藏人會穿傳統的藏裝、手上拿著如照片所示的五斗吉祥櫃「切瑪」，到親戚朋友家拜年。

團員的溝通；另外家裡一定要有原本就閒置的房間，絕對不能讓從外地返家過節的小孩，因為我們的來訪而沒有棲身之地。

其中最重要的條件就是，這家庭的成員一定要三代同堂，除了希望團員與他們在互動聊天中，可以了解長輩以前怎麼過藏曆年，也可以了解年輕一輩怎麼過藏曆年；同時希望年輕一輩的藏人因為我們團員的加入，也能藉機了解什麼是傳統的藏曆新年習俗。否則，隨著西藏的快速進步和外移人口越來越多，也許再過幾年，具有藏族文化色彩的新年習俗，可能就像台灣新年一樣，漸漸失去年味，而在未來某天消失了？

所以我想，如果我能把藏曆年行程變成一種常態，每年固定到這些村莊去，村莊為了要讓我帶的團員了解什麼是藏曆年，就必須維持這些習俗，讓過年習俗有機會一代代傳承下去。

到西藏家庭過藏曆年的團員，都會跟著寄宿家庭一起吃年夜飯、參加趕鬼的儀式，也會在大年初一那天，穿上我們旅行社幫團員訂做的藏裝、藏帽，跟著寄宿家庭一同到村莊內的親戚家拜年。

但是不管我們怎麼打扮、怎麼想融入藏族的家庭生活，這些寄宿家庭終究只把我們當成客人，不會讓我們像家庭的一分子一樣，分攤準備新年的工作，而團員也不知道該從何幫忙。因為不同的語言和文化背景，身為旅人的我們在西藏只能是個過客，與藏族間總是有道看不見的鴻溝。

一杯茶，讓關係從客人變家人

這讓我回想起二〇〇三年，在往珠穆朗瑪峰的行程中遇到的一個老奶奶，那是頭一次讓我在西藏有種回到家的感覺。

那次我帶著電視台的拍攝團隊和沈文程進西藏進行拍攝，行程第十八天來到珠峰山腳下的老定日，準備隔天一早前往珠峰大本營攝製節目。當天趕了好幾個小時的路，來到當時老定日最好的招待所「雪豹賓館」下榻。以往因為路況不好、沒有柏油路，所以很多從尼泊爾過來的旅客，在長途跋涉兩百多公里後，都必須在老定日這邊過一晚，隔天再上珠峰；而從日喀則要到尼泊爾的旅客，也會在老定日過夜。所以，老定日的這家招待所始終都有很多人投宿，當天也不例外。

在安排好團員準備要用的晚餐內容後，我先帶著攝影團隊來到賓館的客廳喝茶。所謂的「客廳」，其實就是一間兼具廚房與客廳功能的大房間，房間中央就有爐子正燒著熱水。一到了客廳，已經有好幾個藏人司機坐在裡面喝茶聊天，賓館老闆的媽媽在昏暗燈光下，正張羅著要給客人的茶水，彎著腰往爐子裡添牛糞和柴火燒水。老奶奶一看到我們進去，趕緊殷勤地招待我們，那種感覺不像是為了做生意而有的服務，而是讓我們有種回到自己家的感覺。

老奶奶張羅我們坐下之後，就開始找杯子準備倒酥油茶給我們。但是怎麼找都找不到乾淨的杯子，老奶奶神色開始有些緊張。後來只能拿前一個藏人司機喝過的杯子，把杯中剩下的酥油茶倒掉，看著杯子裡有殘留的油漬，她走到爐旁，拉開裝著牛糞灰渣的鐵盒，從裡面抓了一些牛糞灰就往杯子裡擦了兩圈。坐在爐炕邊的沈文程看到老奶奶找杯子、清杯子的過程，忍不住用台語抱怨了兩句：「唉唷，這樣要怎麼喝啊？」表情像是期待等一下老奶奶會用水再洗一次杯子。結果，老奶奶並沒有這樣做，而是直接用她有點油油的袖子抹一抹杯子內外，轉了幾圈，把牛糞灰擦掉。接著杯子就放在沈文程面前，往杯子裡倒酥油茶給沈文程喝。

這時，幾位在一旁休息的藏人司機看到沈文程不可置信的表情，了解沈文程那種「我怎麼敢拿這杯子喝茶」的心情，於是就對沈文程說：「用灰渣清茶杯，和用袖子

上：一般進到藏人家裡或賓館，迎面通常是兼具客廳和廚房功能的大廳。正中央則是以牛糞、木柴為燃料的長型火爐，用來燒水供茶。圖中的藏族婦女正在做酥油茶。（陳卓君提供）

下：藏人過藏曆年時，都會穿新衣、戴新帽。我帶團到西藏過藏曆年時，也會提供訂製的新帽、新衣給團員，讓大家一起感受在西藏過新年的歡樂。

清茶杯的方式，是他們當地的習慣。也代表她把你當自己的家人、當自己的小孩，才會用這最親切的方式幫你倒茶。如果你這杯茶不喝，就有點見外了。」沈文程聽了司機的話後，露出那種「那ㄟ阿ㄋㄟ」哭笑不得的表情看看我、又看看司機。司機對著沈文程點點頭，要他相信這是對待家人的方式，他又看著另外兩個司機，他們也很堅定地點頭附和。

在這麼多藏人司機的認定下，沈文程一從老奶奶手中接過杯子後就喝了一大口，我看到老奶奶的眼角似乎泛出開心的淚光。從老奶奶的眼裡、笑容裡就看得出來，她很高興沈文程了解她的心意、感受到她的誠意。也許這老奶奶以前碰過有人對這樣的動作不敢領教，或許有人連喝都不敢喝，但沈文程不但沒有拒絕，還喝了一大口茶，老奶奶真的很開心。

異地旅行的我，就像遊子回到家

一般人可能不了解用牛糞灰、用袖子清茶杯是藏人對客人最高的接待禮儀，尤其是到藏北可可西里無人區的牧民家作客，在水源缺乏的情況下，一定會碰到這個情形。有幸被藏人當成家人看待的我們，千萬不要介意這種清理杯子的方式，而是要打從心裡感激他們，在生活條件如此貧瘠的地方，他們願意用糞灰渣、自己的袖子清潔茶杯，請你喝杯茶，就已經不再把你當作是過客。儘管只是一面之緣，他們都打從心裡把你當成是家人。

在遇到這個老奶奶後，不管往後我去了多少藏人家裡作客、過新年，度過多少與藏人家庭相處的時光，老奶奶的小小舉動仍一直深印在我腦海裡。她讓原本只是在賓館中度過一宿的客人，在短短幾分鐘內，從毫不相干的過客變成她的家人，讓在西藏旅行的我，也能感受到一絲屬於家的溫暖。

藏曆新年習俗

在西藏過新年，有許多特別的習俗。從除夕當天開始一直到初五，每天都有不同的活動在各村莊進行著。除夕當天最重要的習俗就是趕鬼。

趕鬼儀式：生病鬼、窮鬼、倒楣鬼通通退散

根據苯教思想，藏人相信這世界有三界——人界、鬼界、神界，所以在藏區有趕鬼儀式。在除夕太陽下山之前，家家戶戶都要完成大掃除，家中還要準

備三樣趕鬼時需要的東西：一把綁得很扎實的稻草、用糌粑捏成人形的麵人和長條形的鞭炮，並在家門口前、三叉路口或十字路口擺上一整排的石頭。太陽下山後，女主人就拿著捏麵人輕敲每個家中成員平時不舒服的身體部位，口中還會一邊念著「倒楣鬼、生病鬼、風濕鬼、窮鬼……都趕快離開！」。男主人則拿著點燃的稻草火把，把家中每個角落熏一熏、搧一搧，包括床底下、衣櫃、牆角等位置，口中同樣念著「生病鬼、風濕鬼、窮鬼……都趕快離開！」。然後女主人拿著捏麵人走在前面，男主人拿著火把跟在後頭，像是拿著火把壓著附上各種病痛的捏麵人一直走到門口，然後

上：藏曆年期間，藏區寺院都會舉辦祈福活動。

下：藏曆年除夕，最重要的習俗就是驅鬼儀式。在夕陽西下前，家家戶戶都要完成大掃除，並在家門口前、三叉路口或十字路口擺上一整排的石頭，不讓鬼怪跨越石頭進來。

男女主人跳過門前的石頭，象徵把鬼送出家門，鬼再也跨不進用石頭圍起的家。

一出家門，女主人一路跑在前方，男主人會點燃鞭炮與手握火把跟著跑，意思就是把鬼嚇跑，一邊念著「生病鬼、窮鬼、倒楣鬼……通通離開」。然後男女主人會到村莊的某個集合點，一般都是在廣場或三叉路口、十字路口，把手中的稻草火把、鞭炮、捏麵人全部丟到火堆裡，代表驅離了這些鬼。返程時絕對不能回頭，一回到家，就要關起家門，因為這時候外面的鬼特別多，不能讓從別人家趕出來的鬼跑到自己家裡來。

像幸運籤的湯圓是不能吃的

趕完鬼了，接下來就是全家人吃團圓飯。女主人在年夜飯時，都會煮上一鍋加有羊肉、牛肉、馬鈴薯、紅蘿蔔、洋蔥、湯圓的大鍋湯，並由家中最年長的男人主持一個吉祥話遊戲。

大鍋湯中的湯圓是不吃的，藏語稱為「古突」的湯圓裡包的東西都不同，內餡可能是玻璃、辣椒、錢、羊毛、羊大便等八樣不同的東西，每個人的碗內都會被分到一顆湯圓。接著每個人依序打開湯圓，看看內餡包的是什麼，如果拿到的是包有玻璃的湯圓，老爺爺就會說：「你的心就像玻璃一般晶瑩剔透，是個好人。」如果裡面是一塊錢，老爺爺會說：「不錯，你明年會賺大錢。」如果是羊毛，就代表你的心就像是羊毛一般，能給人溫暖。羊大便在西藏是燃料，所以內餡如果是羊大便，則代表你就像是蠟燭一般，能燃燒自己、溫暖別人。不管抽到的是什麼內餡，老爺爺都會說好話，求吉祥，就是要祝禱你來年更幸福美滿、健康快樂。在西藏吃完年夜飯後，就要早早睡覺、保持安靜，才不會吵到鬼喔！

搶頭香的西藏版：搶揹第一桶水

大年初一天還沒亮，整個村莊的女主人就會到河邊搶揹第一桶水，如果幸運揹到全村的第一桶水，就代表新的一年會有最好的福氣，意義就像台灣人習慣在過年時搶頭香一樣。

初一一早女主人會準備用青稞做的「規顛」當早餐，味道類似我們的酒釀，顏色則像麵茶。用過早餐後，有些村莊會選在初一或初二，互相到村民家裡拜年，年輕的藏人要穿著傳統的藏裝、衣帽，二到三人一組，帶著一壺青稞酒和五斗吉祥櫃「切瑪」（一種裝滿酥油拌成的糌粑、炒熟的青稞、麥粒和人參果的斗櫃，上面插著青稞穗和酥油製作的彩花板）到附近親戚家裡拜年。由於全村大概多少都有一些親戚關係，所以年輕人幾乎總動員，從你家、我家到他家

左頁右：藏人吃年夜飯時，每個人的碗裡都會分到一顆湯圓。這個湯圓，藏語稱為「古突」，用於占卜，是不能吃的。

左頁左：初一一早女主人會準備用青稞做的「規顛」當早餐，味道類似我們的酒釀，顏色則像麵茶。

的流動，真是好不熱鬧！

到了每戶親戚家拜年時，對方的男女主人會出來迎客，然後從來拜年的年輕人所抱的切瑪中，抓起幾粒麥粒對空灑抛三次代表祭神，接著再從切瑪中抓一點青稞或小麥送到嘴巴，再喝客人所帶來的青稞酒，然後才把客人帶進家裡，換主人抱出切瑪、倒青稞酒給客人喝。客人要離開時，女主人會獻上哈達，表示祝福。

藏人的房子屋頂上都會插滿經幡，每年也只有在藏曆年時才會更換。更換經幡是每個村莊藏曆年的重要活動，村裡大大小小都會在同一天一起完成這個活動。每個村落的喇嘛會根據天氣、星象等因素占卜，選擇某一天全村一起換經幡，算是除舊布新的西藏版，希望能帶來新的祝福和新氣象。或是整個村莊到山頭上換經幡旗，例如在拉薩的寶瓶山，或是到拉薩河的河畔換經幡，這些場面都很壯觀。

帶給你滿滿祝福的糌粑節

除了上述活動，藏曆年間各地都有特別的過節活動，其中年初五在札什倫布寺舉行的糌粑節最為壯觀。

一般在初五時，藏人身上都會隨身帶著一袋糌粑粉，在路上見到迎面而來的

人，會用手指抓起糌粑粉，往對方肩膀點三下，代表我給你祝福，希望來年事事順心如意。在札什倫布寺舉行的糌粑節，則是把原來只是單純的祈福，擴大成為一種好玩的大型慶祝活動。初五當天，寺外的馬路、公園會聚集兩、三千人，等著對從寺廟出來的人灑糌粑，甚至會抓著對方的衣領把糌粑全塞進衣服裡面，從寺廟出口走出來短短的五、六分鐘，每個人都會被灑得全身都是白白的青稞粉，瘋狂熱鬧的程度吸引不少國外觀光客特地來參加。

這裡也過一般的農曆年

有些地方因為與漢族生活較密切，所以已經以農曆日期來過節慶，位於青海的同仁縣即為一例。農曆除夕夜要跨年前的十分鐘，山谷兩邊的六個村莊會同時放鞭炮，綿延大概有二十公里，目的也是為了趕鬼，祈求來年平安順遂。大年初一一早則是要吃羊肉餃子，而非「規顛」。當地的曬佛節也在過年期間，六個村莊從初一起每天輪流舉辦曬佛節、跳金剛舞、繞佛，與其他地方在雪頓節前後才舉辦曬佛節有所不同。

塔爾寺的酥油花比賽

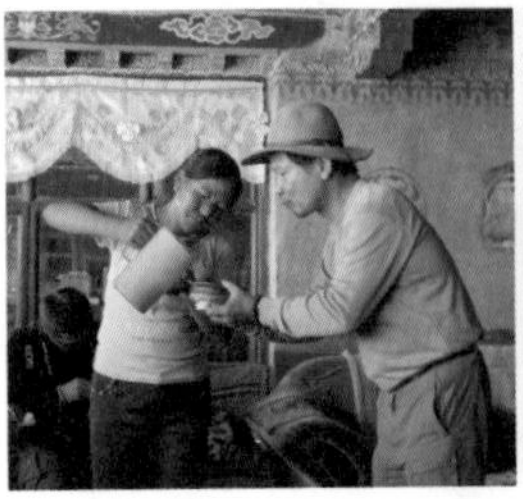

青海的塔爾寺，在農曆過年時舉辦酥油花比賽。酥油花是一種用酥油雕塑的工藝，寺內的喇嘛會分成兩組，利用酥油花塑出諸佛菩薩成佛求道的故事。本身是黃色的酥油花和上礦物顏料，就可做出頭髮、膚色、盔甲、動物、花卉等，雕塑出的佛像或人物都維妙維肖。由於酥油花在二十五度左右就會融化，雖然戶外已經是零下十幾度的天氣，但在戶內人的體溫大概是三十六度，所以做酥油花的時候，喇嘛都必須先把手浸在冰水中，讓手部溫度急速下降，以利雕塑各種造型的酥油花。為了防止手心回溫影響酥油花創作，還必須來來回回地將手浸泡在冰水中，長久下來，這些參加酥油花比賽的喇嘛，雙手很容易罹患關節病。

到了農曆正月十五日下午，兩組喇嘛會把酥油花作品推出來讓民眾觀賞，寺內的老喇嘛也會來評審決定誰是第一名。比賽之後，作品會移到酥油花館，利用空調控制溫度保存，以免酥油花在夏季高溫下融化。所以，即使在夏季到塔爾寺，參觀酥油花也是個重點項目。

藏曆年的換算：藏曆新年和農曆新年並非每一年都是同一天。兩者之間有四種對應，換算也非常簡單。假如今年農曆過年和藏曆過年同一天，隔年藏曆新年就會晚農曆新年一整個月（約三十天）。再下一年，藏曆新年會比農曆新年要早一天；再過一年，農曆新年會比藏曆新年要早一天；然後再一年又回到兩者同一天。之所以會這樣，是因為藏曆與農曆都有閏月，所以有時會藏曆新年較早，有時則是農曆新年較早。

右頁右：走在藏區，常可見到整片的青稞田。青稞是青藏高原的重要作物，用來釀製青稞酒，或是炒熟磨成粉、加上酥油捏成糌粑。（陳卓君提供）

右頁左：到藏人家裡拜年或做客，主人常會拿青稞酒招待。客人要先嘗三口，每一口嘗完後，主人會再斟滿，最後一次才能一口喝完。（陳卓君提供）

一個都不能少

想要在西藏享受旅遊的悠然自得，必定要有好的師傅和導遊帶你翻山越嶺、行過惡水。因此，身為領隊的我，對於合作的師傅和導遊不僅要求高，也待他們像自己家人，不為別的，就是不願意再看到任何一個年輕生命白白消失。

可以做得更好，為什麼不做？

跟我合作過的司機和導遊都知道，我對於品質的要求，不只在於行程、景點、餐飲、住宿上的安排，我對自己和所有的服務人員要求也很高，希望公司員工、隨團導遊和司機的表現都是最好的。只要有人過於散漫、不用心，我會毫不留情地直言糾正，就連我的事業好夥伴周萬林——拉薩的天上西藏國際旅行社及天樹花園酒店總經理，也不例外。

那時剛帶西藏團不久，在拉薩選擇下榻的飯店是天海賓館，但住宿品質不佳，浴室沒有吹風機、房間沒有網路，整家飯店也沒有商務中心，不管我們建議飯店多少次，仍不見有任何改進。為了讓客人擁有更好的住宿品質，我和周萬林決定在拉薩合資經營天樹花園酒店，提供我們認為理想的住宿品質和服務。

但是飯店營運之後，我發現還是有很多不盡理想之處。比如說，浴室的水龍頭上面沒有標示熱水、冷水的打開方向，經常讓住宿客人以為飯店沒有供應熱水，有客人到了住宿第三天才發現原來是自己開錯邊。為此我曾要求在浴室裡的水龍頭上貼上標示，但是過了好幾個月還是沒有動靜。其他像是走廊的燈壞了沒換、感應式房卡失靈、房間內沒有網路線等等，都是一拖再拖不見改善。

有次我終於忍無可忍，直接指責周總說：「我們會從天海賓館換到天樹飯店的原因，你是最清楚的。天海不是我們

在西藏旅行，需要用到吉普車隊才能翻山越嶺。

的，我們要求改善的事情都可以給我拖兩、三年。結果現在我們自己開酒店，該做的事情同樣沒有做。那麼請問，我幹嘛要跟你合作？我再找別家旅行社嘛！你不要以為我不會轉團。下一趟我來，如果還是沒有弄好，我的團還來這裡住，我就跟你姓。」結果不到半個月，等我再進到拉薩時，所有的問題都解決了。

我始終認為，如果有能力可以把事情做好，那麼，為什麼不用點心把事情真的做到最好？

低價旅遊，東砍西砍還剩下什麼

對於合作夥伴、導遊、司機，我始終用高標準來要求他們的表

上：在阿里，沒有吉普車隊和經驗老道的師傅，就難以應付多變的路況，有時甚至還要面對涉水跨河的艱難挑戰。

下：吉隆的「之」字形山路，路窄而迂迴，倘若碰上下大雨，為了安全起見，不建議開車上山。

現，相對的，我也給他們最合理的報酬，讓他們能全心全意為客人付出。有些旅行社不斷用低團費吸引客人，同時也砍掉了隨團導遊和司機的待遇，不僅行程品質不佳，對於客人的服務品質也會打折扣。

長期和我合作的司機有時候會跟我聊起，他的朋友在低價旅遊團當司機，薪水不僅被砍得一塌糊塗，就連小費都會被旅行社以各種名義沒收。

比如說，謊稱有客人投訴司機服務不佳，就不付任何小費給司機，或者是拖欠車費和小費長達好幾個月；有些旅行社甚至幾個月之後就惡性倒閉，司機辛苦所掙的錢，還有被拖欠的車費和小費都跟著泡湯了。長期惡性循環下來，哪還有旅

在吉隆的喜馬拉雅山脈之前，一整個車隊與師傅的合影。

遊品質可言？

相反的，跟我合作的司機和導遊，只要行程中沒有出什麼大問題，行程結束當天都可以領到他們應得的車費和小費。而我之所以會這麼在乎這些合作的司機和導遊，甚至希望能盡全力好好照顧他們，就要從我開始帶西藏團時，所遇到的一位藏族司機「瓊達」說起。

在荒野中前進，一個人都不准少

在二〇〇五年，我帶團進入後藏阿里，過了拉薩之後的路程，全部要仰賴吉普車車隊，才能在荒野惡水中行走。車隊中有個藏族司機瓊達，原本是開一般計程車維生，但因為剛結婚，跑計程車的收入較少也不穩定。為了給新婚的老婆、剛出生的小孩過比較好的生活，他決定轉行開旅行車。於是，他索性向親朋好友借錢，買了一部中古吉普車做為生財工具。剛好，這部吉普車的第一趟任務，就是負責我帶的這團阿里行程。

行程第八天，在前不著村、後不著店的可可西里無人區邊緣，瓊達的吉普車水箱爆掉漏水，其他司機忙著一起搶救。好不容易修好了，車隊繼續走了半個小時，瓊達吉普車的水箱又漏水，溫度再度升高，只好整個車隊停下來搶修，才能繼續前進。但是又前進了不過半小時，車子三度拋錨，這下所有司機都沒輒了，因為他水箱的漏水部

位靠近水箱底部，除非換掉整個水箱，否則任何人都無能為力。

當時團裡有個客人，不耐這樣走走停停，當著我、瓊達與其他司機的面前大喊：「李先生，我們為什麼不把他就丟在這個地方？不然，下午的行程眼見就趕不上了。」

第一次幫旅行團開車的瓊達聽到客人的指責，心裡又抱歉又緊張。他怕這趟回去，會因此領不到旅行社給的酬勞，那又要怎麼支付向親朋好友借貸的款項？車款還有餘額沒繳，還有妻小要養，該怎麼辦？

我馬上當著所有司機和客人的面前說：「不行！一個都不能少。這個地方前不著村、後不著店，往前一百公里、往回兩百公里都沒有人煙，哪有可能把他一個人丟在這裡？再怎麼樣，我都要慢慢拉這部車，拉到可以修車的地方。」

但是客人的指責已經讓瓊達的心情蒙上了陰影，經濟重擔該如何解決的焦慮，讓他從當天午餐開始就沒進食，之後連續七天也幾乎食不下嚥。旁邊的人勸他要吃點東西，但是他都聽不進去。一直到第八天，才有同行司機跟我說起瓊達的情況，我才知道事態嚴重，趕緊找瓊達聊聊。

當時我安慰瓊達說：「你放心，你這次的車錢我會照付給你，不會扣你一毛錢的。」他才稍稍寬心。兩人聊過後我才知道，他擔憂自己負擔不起老婆、小孩和車貸等開銷，這七天來不僅沒有正常飲食，每天晚上還空腹喝酒解悶。當他行程結束後回到拉薩，不久就因為胃出血掛急診。

右頁右：自從發生瓊達的事情後，我更下定決心要好好照顧與我共患難的導遊和師傅們。圖左為我長期合作的導遊唐勇。

右頁左：遇到大巴士陷入泥濘的窘境，所有乘客也只能把行李全部拖下車減輕車子的重量，再把車子從泥中拖出。

後來我再進西藏時，跟同團的司機聊起怎麼好久沒有見到瓊達，那時我才知道，瓊達在那趟阿里之行結束後不到半年，就因為憂煩、厭食等心理壓力造成嚴重的身體機能失調，年紀輕輕的他就這樣喪失了寶貴的生命。

一聽到這個消息，我當場震驚地說不出話來，夾雜著難過的情緒，心裡不斷重複問著：「怎麼會這樣？怎麼會這樣呢？」眼淚不自覺地掉了下來。雖然瓊達的抑鬱不是因我而起，但我內心仍覺得歉疚、難過。一個跟我走了一趟阿里的司機、一個正要邁入而立之年的年輕人，就這樣留下了新婚的太太和嗷嗷待哺的小孩，離開了。

不再讓夥伴從生命中缺席

或許當初那個客人不該當面指責瓊達，剝奪了他賺錢求生的希望，也不知道瓊達才剛買車，身上揹負著這麼多的經濟壓力。但要是那位客人知道自己一時的不耐抱怨，對於瓊達的打擊有多大，或許他會選擇私底下跟我溝通，而不是當著所有人的面、當著瓊達的面，說了如此重的話傷了他。

瓊達的事情，讓我下定決心要好好照顧這些辛苦的司機，對待他們就像是對待團員那樣，因為對我來說，他們是真的「一個都不能少」。西藏旅遊比起其他地方更為艱難，例如走後藏阿里路線，因為路途遙遠、路況不佳，每天工作時數長，每分每秒精神都不能鬆懈，從乘客的安全到路況，通通都不能掉以輕心。想想，他們平均一天才

上：這種稱為「髮夾彎」的蜿蜒道路，在西藏行程中已見怪不怪。通常這種路都出現在高海拔山區，車子非常難行駛。

下：行車在西藏，尤其是地形遼闊的阿里地區，很多路都是車子走出來的。若不是十分有經驗的西藏師傅，很容易在岔路中迷失方向，往往一走錯路，就很難回頭再找到方向。

賺兩百元人民幣；加上西藏旅遊有季節性，頂多就是半年，而且要有團體有人租車才能出車，收入本來就不多。所以到現在為止，我堅持該給司機的車費從沒有少過，絕對不去砍價錢。因為我們可以把團員平安帶回來，都要感謝這些司機，否則我們不可能一次又一次地完成旅程。

不管是司機、領隊或導遊，他們都是我最重要的夥伴，更希望他們辛苦的付出都是值得的。所以，當我知道我長期合作的導遊唐勇，為了要拿到軍區作戰處的批函，必須夜夜去卡拉OK請客、去酒店應酬、到相關單位去鞠躬哈腰時，我就決定寧可不要去走那些景點，也不要再讓他們這麼辛苦地糟蹋自己或陪笑臉。這些跟我一起患難與共的夥伴們，我衷心希望他們能夠繼續和我一起在每趟的西藏旅程中，帶給所有客人一次次感動的回憶，不要再有人缺席了。

西藏通

藏區旅遊租車、證件、保險注意事項

一分錢一分貨：很多背包客租車時，都只在乎價格高低，卻忽略了租車安全與保險等要特別注意的事項。事實上，在惡性削價競爭下，租到的車子可能沒有保險，對人身安全一無保障。

■ 證件要齊全：想要安全租車，最好是找車行或透過旅行社安排，並且有以下必要證件：

1. 車子的行照、司機的駕照、車險：想要開旅遊車的司機，必須要先有普通駕照二到三年後才能考營業駕照，之後還要五年開計程車的經驗後才能考旅遊車駕照。所以一般來說，旅遊車司機的駕駛資歷約有十年。另外，還需要看司機是否有保車險、或保險是否仍在有效期限內。

2. 任務單：任務單是旅行社到旅遊局所申請的文件，上面會列出該輛車從哪裡出發、目的地是哪裡、行程是什麼、行程的時間等。沒有任務單，旅行車是無法合法出任務的。旅遊局要開立任務單之前，就會審核是否有保險，以及該年度的車檢標章，如果缺了一項，任務單申請就會失敗。任務單下來之後，司機必須按照任務單走行程，時限一過，這張任務單就失效。所以任務單需要在每次行程出發前申請、審核完成，才能拿著任務單出發。在缺乏任務單的情況下，依法旅行車是不能隨便接送客人的，客人也不能為了貪一時便宜而隨便搭便車。

幾年前曾經發生過五位背包客一同租車，結果半途上車子突然衝進湍急的帕龍藏布江，其中四位背包客和司機不幸身亡，只有一人生還逃出。後來調查發現，這部車子的保險效期只到事故的前一天，也沒有任務單，即便出發前這些乘客都有保意外險，但保險公司也可以用當事者租用不合格車子的理由拒絕理賠。所以不要以為搭回程車就是撿到便宜，因為沒有任務單，無從知道車子是否有保險、是否通過車輛檢驗，安全上完全缺乏保障。

3. 邊防通行證：如果要到邊境景點，司機還需要有邊防通行證。此證件上面有司機相片、要前往的地方，一次效期是三個月。所以要前往邊境景點前，記得要確保司機、導遊是否有申辦並且攜帶邊防通行證，否則到了景點，卻因為司機或導遊沒有證件而掃了遊興。曾經有導遊幫所有客人辦好了批函，自己卻忘了辦自己的邊

前往稻城亞丁的道路覆滿了冰雪，車子行駛在結冰的路上，很容易打滑。

防通行證，結果在珠峰山下的檢查站就被攔住不准上山。雖然事後有補救措施，但是時間上已經耽誤了一、兩個小時。

- **新車不見得好**：建議背包客，租車時未必要選新車，通常新車配上資歷較淺的司機風險相對較大。

- **了解西藏路線的司機較有保障**：因為西藏的路況驚險路段很多，尤其是在岡巴拉山髮夾彎路段，常會有千鈞一髮的情況，若司機對路況和車況不熟，很可能會出人命。所以，最好找對西藏路況較熟悉且了解西藏旅遊路線的司機會比較有保障。

西藏很多地方沒有完善的道路鋪設，常常會看到兩台車子在狹小的山路間、懸崖邊會車。若遇上下雨，道路泥濘，車子就很容易陷在泥中。

流浪漢的三個響頭

在青藏鐵路還沒開通前，遊客多半會選擇川藏公路或青藏公路進入西藏，但川藏公路有季節性限制，因此約有八成旅客選擇走青藏公路。不過，在二〇〇六年青藏鐵路開通後的短短幾年內，在媒體報導的推波助瀾之下，青藏鐵路成了進藏的熱門路線，幾乎取代了青藏公路的重要性。現在行走在青藏公路上，隨時都可看到青藏鐵路的火車就在不遠處奔馳。

過去青藏公路的路況不佳，從青海西寧到西藏拉薩得花上五天。但青藏鐵路開通後，同樣的路程時間縮短到只需二十五個小時，讓進藏路程變得更輕鬆。

從青藏鐵路正式營運至今，我帶過十幾次青藏鐵路旅行團，與以往的青藏公路行程比起來，的確省去許多車行時間和翻山越嶺的辛苦，卻無法滿足想要細細體會青藏公路沿途美景的旅人。對於搭乘青藏鐵路的旅人來說，最具代表意義的景點，不外乎是

羊卓雍措附近的浪卡子縣城農田，每年八月中旬最美。羊卓雍措與納木措、瑪旁雍措齊名，為藏民心中三大聖湖之一。

全世界海拔最高的火車站——唐古拉站，高達五〇八六公尺；或是海拔最高的凍土隧道——風火山隧道；或是建在凍土地段上最長的鐵路橋——清水河大橋。

但除了這些，憑藉著我帶青藏公路旅行團超過十年的經驗，我常會向團員介紹沿途其他許多值得欣賞的景點。可惜的是，坐在高速火車上，只能匆匆一瞥所有飛逝而過的景點，無法隨意停下來慢慢享受美景。比如說，途中會經過藏羚羊的主要活動地點——楚瑪爾河，每到八、九月份常可見到三、四百隻藏羚羊正準備往南遷徙過冬，即使我們旅行團有幸見到，也無法像行走青藏公路一樣可隨時停車，慢慢欣賞這難得一見的壯觀場面。又或是有幸在夕陽西下時經過長江源頭——沱沱河，搭乘火車的旅人就無法隨意下車欣賞日漸西下的河上美景。

在我看來，鐵路帶來的便利，讓人錯失的不只是沿途的美景，還有可能錯失能開拓人生廣度的人、事、物。有誰會想到，在青藏公路上遇到的流浪漢，可能

右：唐古拉山口是青藏公路的最高點，也是世界一級公路海拔的最高點。「唐古拉」原意為「鳥飛不過去的地方」，也反映了當地氣候寒冷乾燥、含氧量低的惡劣環境。

左：沱沱河為長江源頭。行經青藏公路時，幸運的話可欣賞到日漸西下的河上美景。

就是人生導師。

請問，我能搭個便車嗎？

二〇〇五年，我帶青藏公路團行經中國第三大盆地——柴達木盆地，當天豔陽高照氣溫高，在這廣闊卻荒涼的地方，整條公路上除了我們這一團外，完全見不到其他人。

經過可俯瞰柴達木盆地的尕啞口時，我讓團員下車休息十分鐘，拍下整個盆地的景色作為紀念。在司機停車當下，我看到有個人坐在尕啞口路標下的陰影休息，猜測這人應該是在躲避豔陽，當時的我不以為意。

一直等到團員要上車時，這遠觀看似流浪漢的人突然走到我們停車的地方，問我：「能不能讓我搭個便車？」

我見他一身破爛，襯衫上的幾個釦子鬆開沒扣，衣服就這樣鬆垮垮地掛在膀子上，敞開的衣襟下肋骨清晰可見，肚子已經凹陷乾扁，從側面看像是前胸貼後背。幾無血色的臉、乾裂的嘴唇，在大太陽下顯得更為蒼白。全身上下只見他手拿著一個礦泉水的寶特瓶，裡面只剩下一點黃黃的水，一看就知道那是在公路下的涵洞裝的骯髒雨水。

我問他，「你要去哪裡？」

他虛弱地回答：「我要去格爾木找表哥。我本來要回家的，但是走錯路迷路了，現在只能往格爾木方向去找我表哥。我已經走了一個禮拜，都沒有吃飯，晚上就睡在涵洞裡，這罐水也是從涵洞下方裝的雨水。」

天人交戰的抉擇，要不要讓他上車

在這對話的同時，所有客人早已上車等著出發前往下一個景點——格爾木，我必須在短短三十秒內做出要不要讓他搭便車的決定。依照觀光局的規定，旅行社不能夠隨便讓非旅行團的人搭便車，如果我違規被客人檢舉，我的執照可能會被吊銷。但如果我拒絕他，他最快也要花上三、四天才能走到格爾木，慢則需要一個禮拜。依照他當時虛弱的程度，我估計他頂多只能再撐兩天。如果我不讓他搭便車，他可能隨時會命喪在這幾無人煙的荒野中。

在十秒鐘的天人交戰下，我決定冒險帶他。

我對他說：「好，你上車，但是你只能坐在車門邊的樓梯口，不能坐在椅子上。」

他點頭答應。

一上車，我就向車上所有團員解釋為什麼要讓一個流浪漢上車，畢竟這車上的每一分子，回台灣後都可以檢舉我的違規舉動。

我說：「這個流浪漢原本該往西寧的方向回湖北，結果他走錯路了，現在只能往格

青藏公路位在凍土上，一年到頭都在修路、挖路、補土，尤其是青海唐古拉山口到格爾木這段更是嚴重。所以走青藏公路，要有無法準時到達目的地的心理準備。

爾木的方向走。他已經有六天沒有吃飯，你們可以從他的嘴唇、肋骨看得出來他餓了很多天，晚上都睡在涵洞裡，還要隨時小心野生動物可能會要了他的命。我知道觀光局三申五令不可以讓人搭便車，我知道我李茂榮是違規了，也知道你們回去可以檢舉我，但是我不得不這麼做。如果這個人真的需要幫助，而我們卻沒有幫他，萬一他有個三長兩短，對我們有什麼好處？剩下六十多公里就到格爾木了，我們不缺樓梯的位子。我希望大家都能諒解我這個決定，好嗎？」

我一講完，所有的客人都沒有異議。聽到我說這流浪漢六天沒有吃東西了，還紛紛拿出自己的零食，一個空的塑膠袋從最後一排客人傳到最前面，每傳經過一個位子，團員就拚命塞進零食。等傳到我手中時，塑膠袋裡已裝了各式各樣的零食，像是小饅頭、羊羹、餅乾，沉甸甸地裝滿了一半。

食物夠了，別再給我了

我把這一袋食物交給他時，對他說：「大家知道你快一個禮拜沒吃飯了，這是大家的愛心，你就吃一點吧！」

他接過食物，我回過頭語帶感激地對所有團員說：「我剛剛要做這個決定真的很難，感謝大家體諒。」講完這段話後我再回頭，看到他好像被噎到似地喘不過氣。

我馬上問他：「你吃了幾個小饅頭？」幾乎無法呼吸的他說不出話，只對我比了

「三」的手勢。

我大叫：「你不可以再吃了！你再吃又喝水，等下你的喉嚨會撐破！」因為他太久沒有吃東西，喉嚨、腸胃都乾了，結果一下子狼吞虎嚥這麼多食物又喝水，身體一下子適應不過來。

我說：「你可以慢慢喝點水，不要一下喝太多。五分鐘、十分鐘過後，你再吃餅乾就好。」

我跟他說話時，客人又傳來了一袋零食。我準備把第二袋零食交給他，他卻搖著手說：「好了，好了，我夠了，不用再給我了。」

一聽到他說這句話，我就知道我救對人了。我救的這個人是懂得知足的。一般人遇到這種狀況，多半都會想要囤積食物以備不時之需，說不定到了格爾木後的三、四天都還找不到親人，而必須繼續流落街頭。但是這看似流浪漢的人卻懂得知足，也不貪心。最後還是在客人不斷要求下，他才收下這袋食物。

三個響頭，證明我們救對了人

大約一個小時後，當我們車子快到當晚下榻的飯店時，我請司機在飯店前的路口停車，讓這名流浪漢下車。他一下車，就走到車子的正前方跪了下來，對著我們整車的團員磕了三個響頭，當下我更確定，這個人我沒救錯，而且絕對是個真的需要幫助，

是個既懂得知足又知道感恩的人。

從他身上，我看到了最真實的人性試煉，和他表現出來值得我們學習的精神。雖然他歷經沒有食物、只靠雨水維生，晚上只能窩在涵洞裡度過的日子，但這些並沒有擊倒他的人格尊嚴，反而讓他更懂得知足、感謝，不因此而有貪念。

右頁：行走在青藏公路上，隨時可看到青藏鐵路的火車在不遠處奔馳。

上：青藏鐵路車廂內的臥鋪。如果從西寧搭青藏鐵路到拉薩，會在晚上進入高海拔區段，較容易有缺氧症狀。但這段通常是旅客睡覺休息時間，一般人難分辨是否因為缺氧而嗜睡，而輕忽高原反應。

對我來說，這是我帶西藏團以來最難下的決定，對我也是一種人性的試煉。身在台灣的我們，已經被訓練到不隨便相信陌生人，就怕自己的好心成了別人貪念的利用工具，習慣性地對人採取冷漠的態度，絕對不讓陌生人有傷害自己的機會。但在那短短幾十秒內，我必須在兩種選擇中做出決定：一種是相信這人真的需要幫助，做出「救命勝過一切」的決定；另一種則是帶著懷疑，凡事依規定行事的決定。

如此兩難的決定，對我來說其實是很大的掙扎，但我終究相信人性中最珍貴的同情心及惻隱之心，還是勝過其他考量。更重要的是，我們重新學習去相信有人真的需要幫助，並能夠不吝給予幫助。在那當下，我只是希望能救一條寶貴的性命，並且希望所有團員都能夠發揮同情心體諒我的決定。我很慶幸也很高興，所有人都能體諒我的決定，而且願意在異地對一個陌生人伸出援手。看到一個個客人爭相捐出零食的那幾分鐘內，我見到都市裡失落已久的愛心又再度燃起，施與受的人，同樣都能感受到滿懷的溫暖。

青藏公路從青海西寧到西藏拉薩的路段全長為一千九百公里，走完這段通常需要四到五天的時間。在五條進藏公路中，青藏公路是最容易讓旅客得高原反應的路線，主要是因為行程中，必須要在短時間內適應海拔高度快速爬升，但一天爬升的高度卻超過人體所能負荷的上限。

爬升太快，容易有高原反應

通常第一天從西寧出發後，會在格爾木停留一晚，隔天才會從格爾木出發繼續朝崑崙山口前進。從格爾木到崑崙山口的車程約三到四個小時，海拔高度從格爾木的兩千九百公尺一下子升高到崑崙山口四千七百公尺。通常一般人在一天之內，能夠承受的海拔升高幅度大約是五百到一千公尺，但是從格爾木到崑崙山口短短幾個小時內，就上升將近兩千公尺，遠超過人體所能負荷的壓力改變。而且在崑崙山口之後的景點幾乎都在海拔四千七百公尺以上，包括楚瑪爾河、風火山口（五千公尺）、沱沱河（四千七百公尺）等，適應更為困難。

再者，青藏公路的氣候惡劣，尤其是在海拔四千七百到五千公尺左右，沿途幾乎沒有植被，所以空氣中含氧量很低。如果是從西寧搭青藏鐵路到拉薩，可能會在晚上到達格爾木後，接著進入高海拔區段。通常這段是旅客睡覺休息的時間，也較容易有缺氧症狀，但是一般人多半難分辨自己是因為缺氧或行程勞累而嗜睡，容易輕忽高原反應。

為了減少高原反應，我們通常都會建議旅客，不管是走青藏公路或搭乘青藏鐵路，行程安排路線一定要倒過來走：先坐飛機進到西藏拉薩，再坐車或火車往青海西寧方向前進。這樣的好處是在拉薩可以先適應高原壓力，如果有任何不適，可以直接送拉薩當地的醫院做治療，之後就算是到了海拔較高的沱沱河、崑崙山口，身體都還是可以應付海拔高度的變化，比較不會有什麼太大的高原反應。

溫度、路況、住宿……，其他注意事項

地理位置上，青藏公路接近可可西里無人區，地勢空曠，從遠處雪山吹來的風也比較冷，加上海拔每上升一百公尺氣溫會下降○．六度，所以如果格爾木的氣溫是攝氏二十到三十度間，到崑崙山口、沱沱河，氣溫大概都會驟降十度，所以加強保暖以預防感冒極為重要。通常海拔較高的地方，紫外線較強，在大太陽下行走的車子因為車窗緊閉而有溫室效應，車內溫度會較高，因此也會以為室外溫度等同車內高溫現象，多數人僅著薄長袖，一到了景點忙著下車拍照，忘了穿厚外套、戴帽子保暖，往往會冷到打哆嗦而感冒，容易有嚴重的

青海湖的日出。青海湖距離青海西寧市約一百七十公里處，是中國最大的鹹水湖。

高原反應。

走青藏公路路線時，吃、住上也要特別留意。原本青藏公路沿途住宿的地方就不多，在青藏鐵路開通後，大眾運輸幾乎都靠鐵路，沿途旅店生意變得清淡，原本破舊的地方也不太會修建，更不會擴建；同時因為走青藏公路的旅客、貨車變少，沿途能存活下來的餐廳也變少了。所以走青藏公路時，最好自備乾糧，並且盡量能提前趕到下榻地方，以應付沒有住宿地方等突發問題。

另外，青藏公路位在凍土上，常常是一年到頭都在修路、挖路、補土，尤其是青海唐古拉山口到格爾木這段，經常會封閉修路，而且一封就是三到六個小時。加上青藏公路路旁缺乏便道，附近多是會讓車子陷在土裡的戈壁灘、爛泥草原，不然就是根本無法行車的陡坡、河谷。所以要走青藏公路時，要有無法準時到達目的地的心理準備，例如用餐時間可能延遲，或趕不到原本要住宿的地方。

若想要掌握行程時間、避開修路風險，可以選擇青藏鐵路的路線。從拉薩到西寧大概只需要二十五個小時，

比走青藏公路減少三天的行程。不過要注意的是，坐青藏鐵路仍會有高原反應的風險。這是因為車廂內的空氣與外部對流，所以內外空氣含氧量是相同的，都是比平地減少三分之一，到更高地方會變得更少。如果有缺氧症狀，座椅下和床鋪附近都有氧氣孔，可以向列車員拿輸氧管，再直接拿著管子插入氧氣孔內吸氧。

不要錯過，沿途美呆了

青藏公路沿路上有一些地形地物分野的重要景點，例如被稱為藏族與漢族分界點的日月山，同時也是畜牧和農耕的分水嶺：一邊是農作耕地，另一邊則是放牧的草原。青海的象鼻山則是草原和盆地的分界，翻過三千八百公尺的象鼻山，就等於離開青海湖的草原，即可到達全中國第三大盆地——柴達木盆地。至於唐古拉山，藏語意為「鳥飛不過去的地方」，是青海與西藏交界的地方，海拔約為五千兩百公尺。

另外，鹽湖也是青藏公路的重要景點。在青海的第二大城市格爾木，有全中國最大的鹽湖——察爾汗鹽湖，這裡蘊藏的鹽可滿足全中國人口一百三十年的用鹽量，其中有個「百丈鹽橋」，全由結晶鹽所鋪成，可讓車子、行人在上面行走。另外，行程中也會經過可供全中國人口六十年用鹽量的茶卡鹽湖，可搭

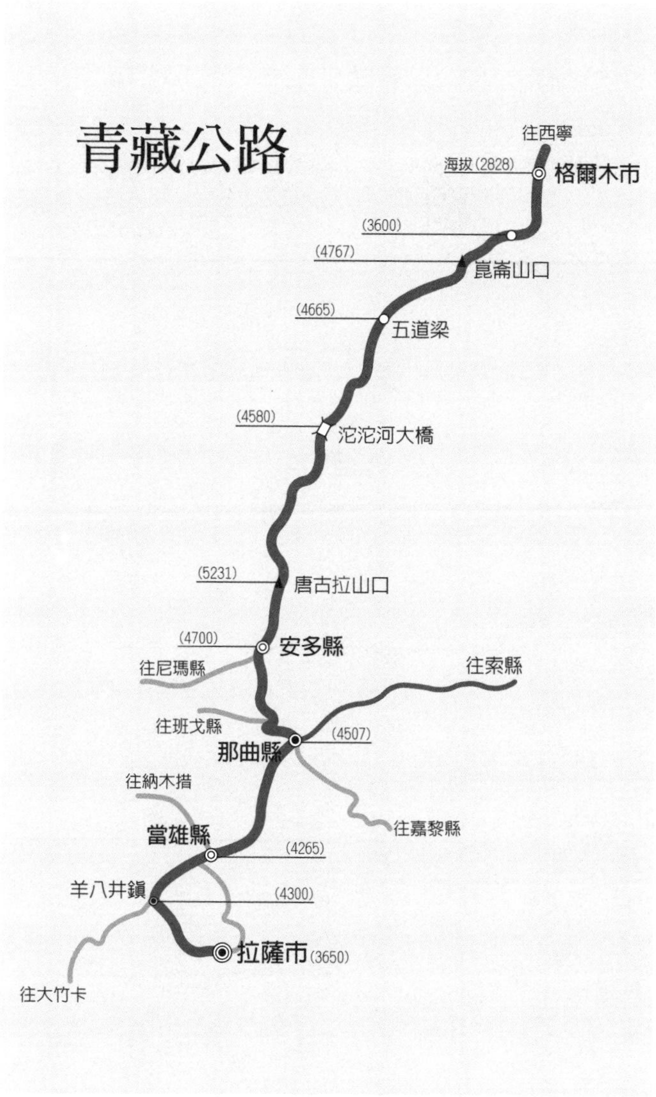

乘小火車到鹽湖中央參觀，鐵軌的路基也是用結晶鹽鋪設而成。不過若遇上下雨，鐵軌路基因為結晶鹽受雨水沖刷，會因此溶化消蝕而鬆動，為了安全起見就不要冒險乘坐了。

富有的乞丐母子

第一次帶團進西藏時，印象最深刻的是到處都有乞丐，大街上、寺廟前隨時會碰到抱著小孩的乞丐，或是小孩拉著我的衣角、抱著我的大腿來要錢。會有這麼多乞丐，除了與當地惡劣的生活條件有關，另外還有更深一層的宗教文化因素。

接受施捨也是功德

在每年藏曆四月十五日的薩嘎達瓦節，為紀念釋迦佛誕辰、涅槃、成佛，除了轉經祈福活動，在俗稱「乞丐節」的這一天，會看到比往常更多的乞丐坐在寺廟前或街上乞討。只要你隨便找個地方坐下來，拿出一塊布擺在面前，就會有路過的人丟錢給你。許多富人會特地在乞丐節這天，準備一麻袋的一塊錢或五毛錢，沿路布施，圖的就是在這些佛祖紀念日累積功德。布施越多，累積的功德也越多。

藏人還認為，這些乞丐接受富人施捨也是一種功德，因為沒有這些乞丐，就無法圓滿這些富人的功德。所以在西藏社會中，乞丐地位並不像漢人社會中的低下，富人——乞丐施與受的雙方都是平等的。

我在江孜白居寺前遇到的一對藏族乞丐母子，讓我對於「施與受」更有了新的體悟。

你給我錢，我還你祝福

二〇〇五年我帶團來到白居寺，看到一名應該只有三、四十歲，臉上卻滿布風霜的蒼老婦人，揹著一個一歲多的小孩，不懂漢語的她總是默默地走到觀光客面前，微笑、點頭，卻從不伸手跟人要錢。她的舉動引起我的注意，我開始一旁觀察著她：第一個人給了她兩塊餅乾、一顆糖果；第二個人給了她一塊錢，她

白居寺位於日喀則地區的江孜，是少數共存藏傳佛教嘎當派、花教（薩迦派）、黃教（格魯派）三派僧院的寺廟。照片左側的建築物為「十萬佛塔」，建物本身有九層，裡面供奉超過十萬尊佛像。

把收到的餅乾給對方；第三個人同樣給她一塊錢，她又把收到的糖果給了對方。這讓我覺得這個乞丐好特別，不會因為窮困就把所有東西緊抓在手。

第二趟再去白居寺時又遇到了她，我給了她兩塊錢，想看看她會如何反應。她收下錢後，給了我她身上的一枚古銅錢，還透過當地導遊翻譯跟我說，這枚錢已在寺廟裡加持開光過，可以保祐我平安。我聽了很高興，原來她不僅懂得感激，還會回報祝福給對方。

我也注意到她的小孩——德布，只要看到有人拿錢給媽媽，他會用額頭去碰布施者的額頭，或是用他小小的雙手輕撫著對方的臉頰，可愛的模樣很討人喜歡。等到德布長大一點後，還會主動跟來往的遊客打招呼，親切地喊著叔叔、伯伯、阿姨，甚至拉著觀光客說：「來來來，我們一起拍張照。」把自己當作背景，拉著整團的人一起照相。有時還會告訴團員，「我這裡有水、有酥油茶，你們要不要喝？」這些水和酥油茶是這對乞丐母子為自己準備的，卻不吝惜地要跟遠道而來的旅人分享。

錢只要夠用就好

透過翻譯，我才知道這對母子住在日喀則，每天要花近

從江孜到日喀則途中，可以見到藏人在住家牆外曬牛糞。這些牛糞曬乾後，可當燃料使用。

三個小時從日喀則坐公車來到白居寺乞討，晚上再坐公車回去。我問她為什麼在這裡乞討，她說：「去年我先生和女兒發生車禍過世，我不得不帶著兒子出來乞討。」

我接著問她，「乞討一天能要到多少錢？」她說：「我一天需要用到的錢只有來回車資及三餐，還要預留一些醫藥費，所以一天只要能要到十五塊錢就好。」我接著問她，「那妳一天可以要到多少？」她說：「三十多塊。」我緊接著說：「那收入算不錯了！」她卻給了我一個很可愛的答案，「我一天只要十五塊就夠了，多出來的錢我全都捐給了寺廟。」

她是全世界最富有的乞丐，我想。儘管在物質上，我們可能擁有她每日所得的千百萬倍，但是懂得知足、分享、珍惜的她，心裡卻是比鎮日為了無窮欲望而汲汲營營的我們更為富有。我捫心自問：是否能有她的胸懷、她的度量？如果今天換成我們，當我們需要的只有十塊、卻從別人那裡得到二十塊錢時，我們會捐出多少？可能很少人能像她這樣知足，甚至懂得分享。

施比受更有福

二〇〇七年一整年都沒有帶團到白居寺，當我隔年再去時，她很開心地拉著我的手，用生硬的漢語說：「我做，我做。」一邊說，一邊用雙腳興奮地踏著寺廟前剛鋪好的石板路。透過藏族導遊的翻譯，我才知道這一年來因為整個江孜縣都在鋪路、挖下水道，車輛無法進入縣城，觀光客無法進來，廟裡的信徒因此少了，她無法靠乞討維生，就憑著自己的勞力幫白居寺鋪設院子與道路的石板，賺取一天五塊錢的微薄工錢，維持家計。如今這三百公尺的鋪路工程完成，見到我踏上這條她用大石頭鋪成的新路面，興奮之情溢於言表。

她的精神感動了我，讓我覺得：為什麼我不能多奉獻一點？所以當我發現白居寺護法神殿中的第三十八代藏王赤松德贊的佛像，可能因為長期被信徒觸碰，佛像左手指已經斷掉許久卻不見修復時，就主動找寺裡的喇嘛，問他，「能不能把這佛像修好？」他說：「可以！」我問他，「修復要多少錢？」他回答：「一百塊就好。」我就給了那喇嘛一百塊錢修復佛像，接著再繼續捐助寺廟，第二次修復大日如來佛殿的佛像，第三次修復壇城殿的佛像。

也許是因為這一連三次的修復工作，在拋磚引玉下，接著下來的觀音殿與金剛殿都由寺方主動修復。這些已經在白居寺至少待了五、六年的喇嘛，每天看著損壞的佛像早已習以為常，也未曾想過要修復。但是因為這連續三次的修復工作，喚起了喇嘛對於寺內佛像修復的重視，也讓我從乞丐母子身上所學到的「施與受」得以延伸。

接受教育，給未來一個改善生活的機會

我的團員中，曾有一對加拿大的華裔夫婦想資助德布念書，甚至想送德布到加拿大

求學，但是他媽媽堅持要用自己的力量帶大德布。我多次跟她說，如果德布念書或生活有需要幫忙的，請她務必跟我說，絕對不能讓德布輟學。當我二〇〇九年再帶團到白居寺時，這個藏族婦人還是同往常一樣，帶著德布高興地走到我前面，我看到已經六歲的德布沒去上學，仍跟著媽媽乞討時非常生氣，氣到完全不想理她。我看得出來她對我的冷漠感到很難過，眼神中流露出落寞和失望，卻好像不知道我到底為什麼生氣，只是一直在我的團員面前徘徊。

我找了當地的導遊翻譯問她，「妳知道我為什麼生氣嗎？」她沒說話。我接著說：「當初妳答應我，要在德布該念書時讓他去上學、讓他過好的生活。就算妳想整天和小孩在一起，但讓他這樣跟著妳乞討並不是愛小孩的方式。妳答

德布和媽媽，還有媽媽背上的弟弟。當天因為德布生病，所以跟著媽媽到寺裡，我們剛好碰見了。

應我的事沒有做到，所以我不想跟妳做朋友了。」

她知道自己錯了，也答應我會讓德布正常到學校去。隔年我再到白居寺時，已經看不見德布的身影，問了她才知道，小孩真的如我所期望的去讀書了。我衷心希望，接受教育後的德布日後有能力改善母子兩人的生活，更能把這種「施與受」的富有分享出去，甚至幫助更多需要幫助的人。

西藏通

在西藏的施與捨

儘管布施和乞討在西藏社會中，被認為是做功德的行為，但我在每次帶團進西藏時，仍會基於安全考量，要求團員盡量不要給乞丐錢。因為路上遇到的乞丐多半不只一個，有些小孩可能還是被父母親硬逼來的，一旦給了一個小孩，就會有第二個、第三個小孩圍過來，然後就可能有爭搶著要錢的失控場面。

我曾碰過有些客人上車後，搖下車窗把錢丟給外面乞討的小孩，結果十幾個小孩不顧車子已經起步，一起擁上來撿錢，一群小孩又推又擠，意外就這樣發生了：有個小孩不小心摔倒在車下，雙腳就這樣被車子輾過。

你做的善事，可能扼殺了一個小孩的未來

此外，隨便給錢，反而會讓這些小孩認為：只要我比別的小孩凶悍，就能得到更多錢。久而久之，就會扭曲原本單純的價值觀，變成「我不用上學，還是

白居寺的喇嘛利用古法燒成的膠，進行佛像及壇城修補。上圖為需要黏回的壇城外圍護法及力士。

有錢拿」或「只要比別人力氣大，就有東西可吃」、「不勞而獲」，甚至是「因為我會搶，所以我在所有兄弟中更有份量」等等。

這些都是我們不樂見到的情況。

我記得以前去印度時，曾有個印度導遊用中文很誠懇地對我們說：「拜託你們，我希望你們除了聽我講解之外，也幫幫我們這個國家。不要再給乞丐任何一毛錢和任何東西，他們不事生產地坐在這裡乞討，除了自己的價值觀扭曲之外，還會讓小朋友有樣學樣，難道要他們世世代代的小孩就靠著乞討過活？」

這印度導遊要告訴我們的，其實就是要我們設身處地、將心比心。受過教育的我們知道，教育可以提升是非判斷的能力，也是改善生活環境的一個機會。如果我們光憑一念之善隨便掏錢幫他們，反而可能因此扼殺了一個小孩的光明將來，對於一個民族也是一種殘害。

如果有心想幫這些弱勢孩子，我建議可以將物資直接捐給當地學校或相關公益機構，讓真正需要的人能獲得及時援助。

切勿給任何人內服藥

還要提醒的是，盡可能不要擅自提供內服藥給當地居民，尤其是在缺乏醫療

用品、偏遠的藏北地區。藏北居民長期生活在寒風刺骨的氣候下，又習慣席地而坐，所以大都有風濕痛、關節炎、偏頭痛等宿疾。在藏北的行程中，常會遇到老人家透過導遊翻譯，跟我們討藥品。我要呼籲的是，即便你有把握交代清楚服藥方式也不要亂給藥，一旦他們吃了後覺得有效，可能以為加重劑量，病會好得更快，反而會有服藥過量的危險。

上：我帶團進白居寺參觀時，發現了這個流淚的斷指佛像，主動資助寺內喇嘛進行修復。下：在偏遠地區的寺內，常可見到散落一地的經書沒人整理，有些是因為欠缺經費，有些則是因為寺內並沒有修復、維護古物的觀念。（陳卓君提供）

不要對賜我們一口飯的人批評

帶團進西藏十三年來，路況不佳、車子出狀況、團員高原反應等等突發狀況屢見不鮮，加上西藏旅遊本來就比較辛苦，團員容易因為疲勞而發脾氣，當地導遊或司機有時也會因為客人刁難而心生不滿，甚至身為領隊的我，難免也會因為壓力過大而情緒失控。二〇〇九年，我帶的阿里團就曾發生過類似狀況。還沒出發前，團裡某對夫妻就常常個別打電話到旅行社詢問行程細節，公司員工先是接到太太打來的電話詢問行程，兩天後又換先生打來問同樣的問題，每次一講就是半個鐘頭以上，接電話的員工只能不厭其煩地對他們解釋一遍又一遍。出發後，這對夫妻給了我新的難題。例如他們要求整個行程只能夫婦兩人住一間房間，不許其他人一起住。

客人的要求，有必要使命必達？

其實在行前說明會時，我就已經解釋過阿里生活條件不比大城市，在阿里地區不可能吃好住好，要參加這個行程，就要接受這不是一般的觀光團，要先做好心理準備。

從司機曲札身上，我學到了真正的服務精神。

即便是我們沿途住宿的地方是當地最好的招待所，房間內也未必有熱水供應，晚上隨時可能會停電或限電，上洗手間則可能要去房舍外的公用廁所。

即便如此，但行程走到少有觀光客、連貨車都很少經過的措勤縣時，面對有限的住宿條件，這對夫妻卻仍堅持要有在大城市旅遊的待遇。在措勤當晚，當地招待所能提供住宿的房間有限，無法安排團員住雙人房，只剩下三人房可住，這對夫妻卻堅持一定要住雙人房，而且不管我怎麼說，兩人就是不願意拆開跟其他團員同住，也不願在他們的房間內多加一位團員，執意白白浪費一張空床位。

到了行程尾聲回到拉薩時，先

薩迦寺為藏傳佛教薩迦派的祖寺。

生要求吃火鍋，老婆則吵著要吃藏餐，偏偏在拉薩要找到一家同時供應火鍋和藏餐的餐館根本不可能。我耐著性子跟他們解釋，換來的回應卻是「沒有？那你就要想辦法啊！我們在台灣的原住民部落裡，想要他們弄火鍋來燙山豬肉都能辦到，你們在西藏也可以安排啊！」，不管我們怎麼解釋，最後收到的回應都是同樣的一句話，「沒有？你們就要想辦法啊！」

除了這對常出難題的夫妻，當天還有一位發生高原反應的團員同樣也有況狀。他因為感冒發高燒，卻不聽我的勸告執意要洗冷水澡，結果高原反應的症狀更為嚴重，甚至演變成肺水腫，我只能犧牲睡眠徹夜照顧他。

不要對賜我們一口飯的人批評

整個行程，我一面要不時應付這對夫妻的無理要求，還要分心照顧這名病厭厭的團員。幾天下來，把所有隨團司機和導遊整得暈頭轉向，連我自己都處理到焦頭爛額。

喇嘛在法會時會著正式服裝，戴上船形帽。

到了行程第七天，整團車隊在前往改則的路途中停車休息，一群司機圍著抽菸，抱怨著「某某客人怎麼能這樣，也不看看領隊和導遊都已經這麼辛苦了，還這樣刁難」。馬上就有人附和，「對啊，還說餐一定要怎麼吃、菜一定要怎麼炒，要求這個、要求那個的。」其他司機聽到有人發難後也紛紛開砲，說這些客人很難應付。

在一群司機此起彼落的抱怨聲中，同團資深的藏族司機曲札正巧走過，他聽到後馬上停腳，嚴肅地對著這群年輕司機說：「你們不可以這樣，不要對賜我們一口飯吃的人批評。」他接著說，「客人千里迢迢來到這裡，無非就是想從旅遊中得到一些東西，他們只是不清楚這裡的狀況，也或許他在台灣過慣了舒服的生活。想想，沒有了他們，我們就沒有收入、沒有飯吃，可能也就沒法過活。我們這些師傅（意為司機）身為本地的服務人員，不應私底下說三道四。有辦法，就直接跟客人溝通。」

這席話對我有如當頭棒喝，也讓我自嘆不如。那幾天聽到客人對住宿、用餐的無理要求時，我雖然沒有出聲抱怨，卻常常忍不住心裡犯嘀咕埋怨。儘管我口口聲聲說自己是從事服務業的，但是我的敬業心態竟然不如一個沒有讀過書的藏族師傅。

直接溝通勝過背後批評

後來與曲札聊天才知道，他必須靠這份收入扶養兩個讀大學的小孩，這些遠從台灣而來的客人就如同他的衣食父母。他說的這句「不要對賜我們一口飯的人批評」，講來

左頁上：在聖湖瑪旁雍措旁，常可見到從印度來朝聖的信徒，在不到十度的低溫用聖湖的湖水洗浴，希望能洗去一身罪障。

左頁下：札達縣境內的皮央石窟，一九九二年才被發現，是目前西藏高原規模最大的佛教石窟遺址，被稱為「第二敦煌」。

是如此理所當然、輕描淡寫，徹底地改變我服務客人的心態。

靜下心來反省自己面對客人態度：碰到不聽勸的客人，就氣得要命；忙得焦頭爛額時又要應付各式各樣的要求，心裡不禁火冒三丈；甚至客人只是提出善意的建議，卻本能地抗拒、反彈……說不準哪天脾氣一來，直接就跟客人槓上，最後可能吵個沒完沒了。

如果是這樣，我們還敢說自己是從事服務業嗎？當師傅二十多年的曲札，遇到的形形色色的客人絕對比我多，那我們今天碰到的這些又算得上什麼刁難呢？捫心自問，當曲札可以用這麼自然的態度去面對這些挑戰，我為什麼不能平心靜氣地把握這個服務客人的機會呢？

在那之後，每當客人提出一些要求時，我都會盡量做到，萬一無法達成，也會直接向客人解釋，並請他們諒解實際上的困難，用正面、釋懷的態度面對客人的抱怨和不滿。也許客人是真的不清楚狀況，所以提出他的意見和疑惑，身為領隊的我也必須要清楚告訴客人，絕對不能認為客人的要求是不對的，更不要私底下批評。

在職場和家庭上不也如此嗎？與老闆、同事、家人、鄰居相處，難免有摩擦或不滿，這時不妨靜下心來，直接跟對方溝通出一個更好的解決方式。如果對方真的有錯，說不定對方會修正，私底下的抱怨反而無濟於事。

曲札對我來說，不僅是我西藏行程中不可或缺的老經驗師傅、得力助手，更是我的「服務學」這門課的好老師。不要對賜我們一口飯吃的人批評，這句至理名言一直放在我心裡，時刻提醒著自己別忘了服務客人的初衷，更別忘了每個客人都是磨練我的人生導師。

阿里地區旅遊介紹

有「世界屋脊的屋脊」之稱的阿里地區，平均海拔高達四千七百公尺，比西藏首都拉薩高出一千公尺，加上鄰近可可西里無人區，地形和氣候都有其特殊性，也增加當地旅遊的難度。

氣溫偏低，晝夜溫差大

一般遊客前往西藏旅遊時，若要上珠峰大本營或走阿里地區，多以拉薩的氣象預報做為西藏旅遊行程的參考標準。事實上，阿里地區的氣候明顯與拉薩不同。以海拔每升高一百公尺、氣溫就下降攝氏〇．六度計算，阿里地區的平均溫度就比拉薩低六度，而且晝夜溫差大；即便是在最適合旅遊的四月到十一月，有時中午高溫可達二十度以上，但夜晚氣溫可能會低至十度以下。此外，阿里地區地廣人稀、周圍又有雪山，所以從遠處吹來的冷風會讓阿里地區的氣溫明顯較低。

地形上，阿里地區缺乏植被，氧氣顯然比有植被的地區低，含氧量也比其他地區少，連帶著我們每口呼吸所產生的熱能也會偏低，因此一般人到了阿里地區，比較容易感覺到冷。到這裡旅行，要特別注意保暖，建議採洋蔥式穿衣法，在車內穿薄長袖，一下了車後（儘管有太陽）一定要穿外套、戴帽子防風禦寒，預防感冒和伴隨而來的高原反應。

路況不佳，吉普車為代步首選

交通方面，由於阿里的路況不佳，所謂的「路」大都是車子行走在空曠草原上所留下的痕跡，一下雨就遍地泥濘。所以在交通工具的選擇上，建議找輛能夠兼具涉水、爬坡功能的四輪傳動吉普車，大巴士並不適合，尤其是從改則到尼瑪、班戈這段路的路基，更容易在雨天時寸步難行，萬一大巴陷下去，很難拖得出來。

正因為阿里的路況難測，車子隨時都有可能因為氣溫或壓力變化而爆胎或拋錨。如果是在一般旅程中發生這些狀況還能解決，但是在前不著村、後不著店的阿里地區，一旦遇上車子拋錨、陷入水中或爛泥動彈不得時，可能就得在原地等上一整天，都等不到車子經過幫忙。所以安排阿里旅遊時，為了確保能夠緊急應變車況和路況，建議至少以三部車組成車隊的方式進入，若遇到車子拋錨或深陷爛泥時，車隊中的其他車輛就可以幫忙拖出受困車子。所以拖車需要的鋼纜、鐵鍬，換輪胎的千斤頂、螺絲把手都是必備工具，

在阿里行程的路途上，經常行經百里才能偶爾見到一家小餐館。旅人有時只能在帳篷搭建的小茶館買壺熱水，吃泡麵。

司機中也至少要有一位有修車經驗。車子款式最好也是同款，如果遇上爆胎，還可以相互支援使用備胎、零件。另外，車隊裡的每輛車也最好配有無線電對講機，以便在行動電話訊號不穩的阿里地區行車時，仍可保持各車之間的聯繫。

另外，因為阿里地勢遼闊、路況一日多變，許多地方並無標示，一旦錯過了某個岔路，就很有可能回不了頭。因此車隊中必須要有對阿里旅遊路線很有經驗的司機，並且至少要有一位是藏族司機，能夠向當地藏族問路。雖然拉薩與阿里地區能夠溝通的藏語可能只有七成，但至少能在需要時對外求援。

準備充足乾糧和個人藥品

阿里地區路況難測，沿途縣城與縣城之間也幾乎沒有餐館，因此上路前建議準備充足的乾糧備用。如果不想將時間耗在餐廳等飯菜上桌，可以自行帶泡麵，沿途上可到藏人開的小茶館，買瓶十元人民幣的熱水泡麵果腹。

阿里地區的醫療資源缺乏，只有某些縣城有醫院，幾乎高達九成的地區沒有醫院，而且醫療設備也都有限。因此，個人常用藥品一定要自行準備足夠。另外，由於當地人沒有高原反應的問題，所以醫院不見得有足夠的氧氣鋼瓶，所以要走阿里路線時，氧氣鋼瓶務必準備充足。

要到阿里旅遊，有些人會選擇新藏公路。圖為新藏公路翻越喀喇崑崙山的路段，當時氣溫只有零下十五度，路上積雪，泥濘不堪。

新藏公路倒著走

■路線倒著走：要到阿里旅遊，有些觀光客會選擇走新藏公路，從新疆葉城出發，花兩天時間前往西藏阿里。不過，要避免高原反應，我建議把路線倒過來走，從西藏拉薩往阿里方向前進，再到新疆葉城。

如果從海拔一千一百公尺的葉城出發，中間要翻過海拔四千三百公尺的麻札大坂，又接著到海拔三千六百公尺的三十里營房，當天就會在海拔四千兩百公尺的大紅柳灘住上一晚。一天之內海拔一下子升高三千公尺，遠超過一般人所能承受的五百到一千公尺的海拔升高幅度，很多人會因此得到高原反應，出現睡不好、頭痛等症狀，隔天更難應付新藏公路中海拔最高的景點——界山大坂（高達五千四百公尺）。

而且從大紅柳灘要到西藏阿里，要先經過俗稱「死人溝」的路段，據傳曾有一隊解放軍以急行軍方式前往西藏，途中在此地休息一宿，由於海拔爬升速度太快、耗氧量大、天冷失溫，隔天全軍一睡不起，也顯示這段路程對於人類體能極限的考驗。如果是從阿里往新疆方向前進，體能已經能適應平均海拔達四千七百公尺的阿里，要翻過界山大坂等地的困難度較低，在大紅柳灘住上一宿也較能適應。

■ 要有就地搭營的準備：新藏公路沿途會經過喀喇崑崙山脈的雪山，屬於喜馬拉雅山的一段、帕米爾高原的邊緣區。山頂積雪終年不化，大大小小的湖泊多是溶雪而來。由雪山、湖泊、河灘地構成的風景之美與阿里截然不同。但新藏公路的路況比阿里還差，一旦遇上雨季幾乎無法通行，加上途中幾乎沒有住宿地方，因此若有意外路況耽擱，就要有就地搭營的心理準備。

電力供應貧乏的西藏偏遠地區，街頭或帳篷外常可見到太陽能板，當地居民常用來燒煮開水。

逃學的小學生

夏季行走在幅員遼闊、人煙稀少的藏北地區，常可見到放牧藏人帶著小孩、家當，趕著大批牛羊逐水草而遷徙。團員們沿途上看到這些牧民小孩，都會忍不住拿起相機拍下他們天真純潔的表情，還會給他們一些文具、糖果。接過小禮物的小朋友，臉上總是寫滿了興奮，離去時不忘感激地揮揮手向我們道別。

對這些身處偏遠地區的藏族小朋友來說，上學讀書幾乎可遇不可求。在羌塘草原上，牧民幾乎每週都要舉家遷徙五至十公里，小孩無法到固定學校就讀，因此就發展出所謂的「移動小學」——幾位受過小學或中學教育的牧民，利用放牧以外的時間在自家帳篷內幫小朋友上課。帳篷通常位於整個牧區中心，所以這如同教室的小帳篷也會跟著牧民一起遷徙。

移動小學的老師，薪資只有城裡的十分之一

每天早上九、十點，牧民會載著小朋友到移動小學上課。小小帳篷裡擠滿了各個年

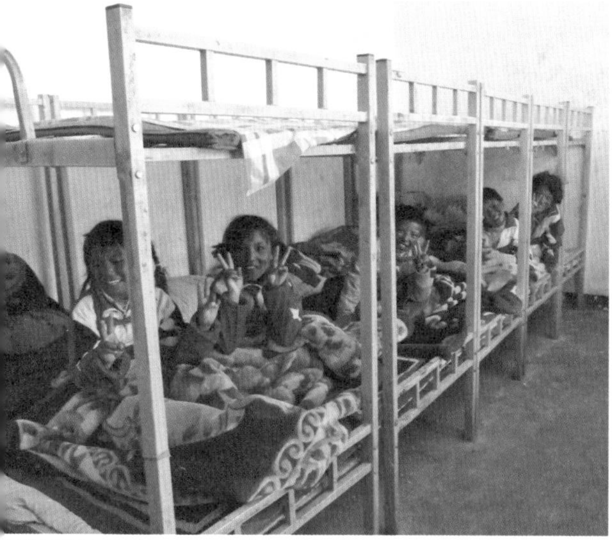
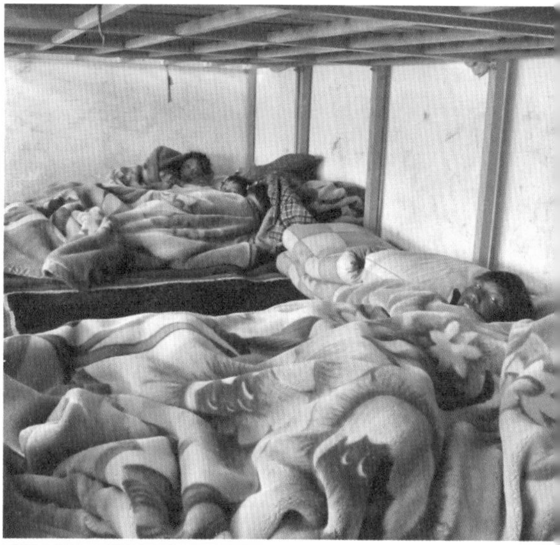

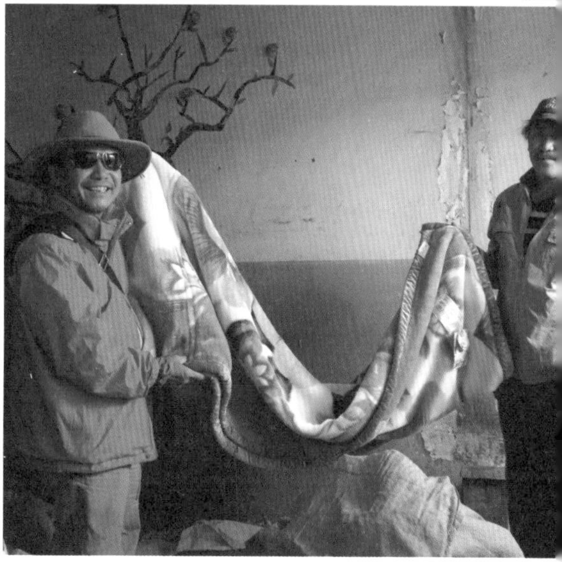

上左右：團員愛心捐贈的厚實棉被溫暖了小朋友，再也不用在酷寒的半夜裡被凍醒。

下右：貨車載著兩百床的毯子從拉薩運往雄巴小學，但雄巴鄉實在太偏僻，最後還是由副校長（右）親自到獅泉河拿回毯子。（陳卓君提供）

下左：我右手邊的小男孩一見到我，就拉著我的手說謝謝。他收到我們全團捐助的善款，買了文具和衣服。

齡層的小孩，課程不外乎是最基本的加減乘除、藏語，讓小朋友有基本的識字及算術能力，日後可以用在謀生的交易買賣上。

從二〇〇二年，我帶團到西藏時都會順道去拜訪一些移動小學，看看他們有沒有捐錢或捐物資的需要。我一直覺得，移動小學的老師精神可嘉，他們沒有受過專業的師資教育，頂多擁有國中學歷，卻仍願意在辛苦的放牧工作之餘，每天抽出時間教小朋友讀書寫字。我曾問過一位移動小學的老師月薪是多少，照理說在偏遠地區應該有更多加給，但他給了我一個令人詫異的數字，「一百五十元。」這比當時拉薩市的老師月薪一千兩百到一千三百人民幣少得太多了。過了兩、三年後，我在移動小學裡又碰到另一名女老師，她除了要看顧牛羊外，還要照顧自己的小孩。這時薪水調高到人民幣兩百五十元，但仍然遠低於一般城市的薪資水準。所以，我每次只要有機會到移動小學，就會想多捐點錢補貼這些老師，希望他們不要迫於現實而澆熄了教學熱情，讓這些小朋友的教育可以不斷延續下去。

令人惋惜的是，幾年之後移動小學越來越少見，幾次我帶團進西藏時都遍訪不著。很多熱心的團員都想為偏遠地區的小孩做點事情，於是我們開始轉而捐助一些偏遠地區的學校。

溫暖的棉被，讓孩子不再逃學

二〇一〇年五月，團員Grace想捐給當地小朋友一些文具用品，問我該怎麼給比較好。我建議她，最好集中給小學的校長或老師，讓他們全權去分配，或當成獎勵學生的獎品。

那次行程，我們來到了阿里地區的革吉縣雄巴鄉，這是個位處可可西里無人區的邊緣小村落，我們中午就在這裡用餐。在餐廳裡，剛好遇上雄巴小學的老師，我們要把全團捐助的一整袋文具交給他時，他卻不好意思接受，堅持要我們當面交給校長。餐廳老闆娘見到了我們的好意，主動幫忙連繫校長。後來跟校長聊起時，我告訴他我每年都會來阿里兩、三次，如果學校有什麼需要，我下次帶團時可以帶來。他想了想說：「學生很需要棉被。」

地處羌塘草原的雄巴，面積幾乎是台北市的三倍大，但整區居民不到兩百名，幾乎每十公里才有一戶牧民。所以多數牧民會把小孩集中送到當地的雄巴小學寄宿念書，每個周末才會接小孩回家，週一再把小孩子送回學校。

這些從四面八方來學校住宿念書的小朋友，每晚睡覺時，都只能蓋著薄薄一床棉被。在海拔超過四千五百公尺的羌塘草原，就算是夏夜的氣溫都會低到攝氏零下五度，小小的床褥沒有墊被，只要一翻身就會被凍醒。有些小朋友，因為受不了這樣的惡劣環境而逃學回家。

校長感慨地說：「每次一個小朋友逃學，我們所有老師都要去把他找回來，因為小朋友需要受教育，就算再遠，我們都要開吉普車去接他，一個都不能少。」

右頁右：團員們將所有要捐贈給小朋友的文具、零食，全交給雄巴小學的老師發放。（陳卓君提供）

右頁左：皮央石窟的管理人員因為長期腳痛，需要舒緩腳痛的藥膏貼布。我將他的請託記在心裡，再次拜訪時要將藥膏貼布親手交給他。（陳卓君提供）

這些小孩的父母都是以游牧維生，每週可能會遷移五到十公里。小朋友逃學回家找爸媽，很有可能找不到。如果這些小孩在遼闊的草原迷路失蹤了，會發生什麼意外是無法預期的。所以校長認為，當下最需要的就是給他們幾床溫暖的棉被，讓他們可以好好睡個覺，不再逃學。我當場就答應他，在二〇一〇年九月之前，我一定會把被子或毯子送進雄巴小學。

同年六月及九月的西藏團，在團員共襄盛舉之下，我請在當地長期合作的導遊唐勇，在拉薩買品質最好的兩百床毯子，提供給雄巴小學一六〇名小朋友及二十多位老師使用。接著，安排貨車將這兩百床毯子從拉薩送到雄巴，但這個運送計畫卻一波三折，第一天從拉薩趕到薩嘎，第二天再趕到帕羊，沒想到雄巴鄉太偏僻，連貨運車都不停，因此這兩百床毯子一路被載到了獅泉河才卸下，雄巴小學的副校長只好再花一整天時間，親自到獅泉河領回兩百床毯子，整趟四天四夜不眠不休的物資運送才算圓滿達成。

除了送被子外，其他團員也籌了人民幣三千多元捐給小學教職員，讓老師們能夠不用自掏腰包買發電用的柴油。在偏遠的雄巴小學，老師只能透過上網對外通信聯絡和取得外界教育資源。但是在雄巴，唯一的太陽能發電只能供電到晚上十點、十一點，之後所有用電都必須靠發電機。所以每個老師就要自掏腰包，每個月捐個人民幣一百元，集資購買發電用的柴油，才能在沒電時上網寫信、準備教學教材、列印考卷。我們捐助的小錢當然不足以滿足他們的長期需求，這些心意只是表達我們對於教育下一代的支持。

我很感激校長對小朋友的關心以及對教育的熱忱，即便無法讓這些小朋友接受跟城市小孩一樣的教育資源，但就是因為環境艱困，更顯得這樣的堅持難能可貴。

對於團員的愛心，我也很感動。有了能夠抵抗寒冷的一床暖被，讓這些小朋友從此可以乖乖地留在學校裡念書。也許有人會說，台灣也有許多偏遠地區的小朋友需要幫

上：行經西藏各地，若剛好看到藏民赤手在寒冷的天裡修復路段，我會停下車送上厚布手套。（陳卓君提供）

下：住在羌塘草原上的藏民，九成以上都以放牧維生，每年四月到九月間是放牧旺季。

助，但是相較於西藏，台灣要取得資源的管道還是方便許多。想想，光是運送個物資就要耗掉四天四夜，若不是我們的旅行團行程剛好經過，這裡的師生不知道要等到哪年哪月才能盼到一床棉被？一床溫暖的毛毯就能讓他們好好念書，何樂而不為?!

多揹一公斤，舉手做愛心

在西藏，像雄巴小學這樣的學校不在少數，在六十幾個縣城裡，每個村鄉小鎮可能都有一個像這樣的小學；同樣可能有兩百多個小學都像雄巴一樣，交通不便，物資很難送達。因此縱使有心想幫點忙，卻常常覺得心有餘而力不足。

這幾年下來，我們的旅行團展開了「多揹一公斤」的活動，沿途上會將一些衣物、生活用品、醫療器材捐給需要的單位。例如在措勤縣，我們就捐給當地縣立醫院一些醫療器材。也有團員親自到拉薩買了保暖的羽絨衣，經過寒冷的藏北時就發給當地的藏民；而有些團員則是準備舊衣、文具等民生用品。我自己也曾買了些工作用的粗布手套，在行程中發給路上正在修路的藏人們，希望能讓他們在凍寒又有紫外線曝曬的工作環境裡，有一些些保護。

我個人能做的有限，因此我常常會在部落格上召集有心人，讓每個想對西藏付出一些愛心的人能夠盡點心力。

我二〇一一年春天再次到雄巴小學探訪。當時有個小朋友主動走過來跟我說謝謝，

我問漢族老師陳露原因，她說這位小朋友是單親家庭的小孩，沒有爸爸，母親又長年生病，完全沒辦法照顧他。陳露老師就把上次我們要捐買柴油的錢（鄉裡現在有大型太陽能發電設備了），拿出一部分幫他買了些文具、衣服、鞋子等物品，受惠的還有學校裡的其他幾位小朋友。

這個小孩知道學校的毯子及錢是我們捐的，所以就主動走過來拉我的手，靦腆地跟我說聲謝謝。真的很窩心！

右頁：西藏牧民發展出「移動小學」的教育模式，讓時常遷徙不定的牧民小孩也可以學習藏文、算術。

放牧的生活型態

藏北地區從羊八井以北、那曲以西的可可西里無人區，都是羌塘草原的範圍，主要縣城包括班戈、尼瑪、雙湖特別行政區、改則、當雄等。居住在羌塘草原上的藏民，超過九成以上是以放牧維生。每年開春之後，從四月到九月間，常可在廣大的草原上看到藏民帶著大批牛羊放牧。一旦這塊放牧區的水草吃光了，就會舉家拔營往前遷徙五到十公里到新草場，繼續放牧。因此，這段期間放牧的草場，就被稱為「夏季草場」。

草場與看牧人

在這些廣闊的放牧草場上，有些草場會被刻意圍起來，讓牛羊無法進入圍籬內吃草，這些圈圍起來的草場稱為「冬季草場」。冬季草場是為了預防冬天期間牛羊沒有水草可吃，所以必須趁著水草生長期的夏天好好保護，不讓牛羊進去踐踏、啃食，讓水草能好好生長。到了秋天就能收割水草，讓牛羊在冬天不會斷糧；有時則會直接把牛羊趕進去冬季草場上放牧。

隨著經濟發展的腳步逼近，有些藏人會搬到城裡居住，原來家裡放牧的牛羊會託當地牧民繼續照料。所以經過草場時，常會看到牧民所趕的羊群中，羊背顏色不盡相同，這表示部分羊群可能是幫別人看養的，這種牧民被稱為「看牧人」。看牧人可能會同時幫三至五戶人家，除了放牧自己的牛羊外，還能收到幫人看牧的酬勞。

滾帶式游牧方式

西藏地區，就屬當雄草場及那木措旁的草原放牧畫面最壯觀。草原上，每個犛牛帳篷代表的是一個牧民人家，每座帳篷都相距不遠。通常在這草原上放牧了一個禮拜後，所有牧民會很有默契地拔營遷徙，用大卡車載著帳篷裡的所有家當及牲畜，一起往前推進五公里，讓牲畜有水草可吃。這種滾帶式的游牧，可以讓大自然的水草有循環生息的時間。

居無定所的游牧生活方式，小朋友要受正常教育很困難。因此在許多牧區，尤其是像雄巴這種隔好幾公里才有一戶牧民的廣大地區，寄宿學校就應運而生。父母親將小孩送到學校念書，小朋友吃住都在學校，到了週末家人才會來接小孩子回家。

別毀了我父親一生的功課

當背包客揪團看天葬的風氣越來越盛時，我也在帶團的過程中，陸續聽到許多藏族司機或導遊對於這種參觀天葬儀式的風氣感到不滿。對於藏人來說，天葬是他們走完人生最後一段旅程的地方，應該是神聖且私密的，怎麼可以有不請自來的觀光客參觀天葬過程。

二〇〇六年，遊客到西藏參觀天葬的風氣正盛，甫喪父的藏族好友以自己是喪家的立場，與我聊起這股風氣，言談中流露出對這股風潮的強烈不滿。

天葬是完成人生志業的必經之路

他說，父親從小就信仰藏傳佛教，在父親六十三年的天命裡，每天都要默念上千百遍的六字大明咒「嗡嘛呢叭咩吽」，或是每天磕好幾個長頭，為的就是完成這一生的功

瑪尼堆上的石頭大都會刻上六字真言，藏民以此做為祈福之用。

課，希望能在百年之後跳脫輪迴到西方極樂世界。就算是下一世還是在輪迴中，也希望至少能投胎到好人家，這不只是功課，更是每位藏民的志業。

為了讓父親圓滿地走完人生旅程，身為人子的他，在父親往生後請了喇嘛到家裡誦經，喇嘛會根據父親的生肖與死亡歲數、時辰等，占卜出父親的出殯日、出殯的那天可以有多少人到天葬台送他、哪些生肖的人不能上天葬台，就怕多了一個人、少了一個人，或者是生肖犯沖了，會讓父親辛苦一生的功課就這樣泡湯了。如果一群心存好奇的觀光客隨隨便便到了天葬台，造成送喪的人數不對或生肖犯沖，他父親這輩子所做的功課都前功盡棄了。

漢人辦喪事也會讓人參觀嗎？

他解釋完後補了一句，「不要讓我們藏族也有這個能力。」

我問他「什麼能力？」。

他說：「一旦我們藏族有這個能力到台灣觀光，哪天我們也組團到台北，也在行程中安排到第一、第二殯儀館參觀，在喪家做喪事時，我們這些無關的人就在旁邊拍照、請導遊講解，你們會做何感想？」

不等我回答，他接著說：「漢人一定不能接受我們這麼做。既然你們不能接受，為什麼我們就要在舉行天葬時，讓個不相干的人在旁邊看？你們不允許的，我們憑什麼

二〇〇六年我帶主持人小馬及攝影團隊到天葬台上進行拍攝。圖中為進行天葬時所使用的石座。

要承受？」

聽完他的說法，我完全能夠體會他內心的沉痛。誰都不想在自己家人走上人生最後一段路時，因為一個無關緊要的觀光客毀了往生者累積數十年的功課、功德，傷害到的不僅是藏人的風土民情，甚至是往生者最後的尊嚴。

因為有了這段對話，讓我對藏族殯葬習俗更加尊重。只要遇到客人詢問能不能安排看天葬儀式時，我都會斷然拒絕，並在行程說明時，用呼籲的口吻告訴大家：不要去看天葬的過程，千萬不要讓你的好奇心傷害當地的風土民情。

敬畏之心不可無

在這段對話之後的兩個月，我就帶著八大電視台「世界第一等」的攝影團隊和主持人小馬到西藏進行拍攝。當時製作團隊特意找尋西藏特殊的文化做為節目內容，其中也包括介紹藏族特有的天葬儀式，希望能讓台灣觀眾了解天葬是什麼，並勸告大家要尊重藏人的風土民情，不要隨便到天葬台參觀。

拍攝計畫是希望從天葬台場景的介紹帶出天葬的儀式，沒有要拍攝實際的天葬過程。因此，我們拍攝的時間刻意避開舉行天葬的清晨時段，而是選在下午三、四點，確保所有天葬儀式都結束後才去拍攝。

當時我們選擇的拍攝地點是離拉薩最近的色拉寺後方的天葬台，那地方人煙稀少，最近的村莊都在一、兩公里以外。要進入天葬台，還得先經過約十五公尺的鐵橋，再走段路才會到達。在我們正要穿越鐵橋時，導演和企編提議在這裡拍攝小馬介紹天葬台的開場。

依照我這幾天來的觀察，這段不到三十秒的開場，對於反應很快、從來不吃螺絲的小馬來說應該是易如反掌，很快就會錄完。沒想到導演一喊開拍，突然颳起一陣怪風，整片沙塵暴從小馬身後五、六百公尺遠的地方朝我們撲來。攝影師透過鏡頭看到席捲而來的沙塵趕緊喊暫停。而站在攝影師身後的我，還發現沙塵暴旁邊還有兩、三個小龍捲風，伴隨著風聲的風沙就像是布幔一樣籠罩著我們。

上：岩壁上是藏人畫的「天梯」，代表能將厄運苦難帶往天上，藏民畫天梯來祈福。有時在天葬台或水葬台附近也會見到天梯圖騰，以祈求往生者能通往極樂世界。（陳卓君提供）
下：天葬台位於圖的左方，右方建築物為停屍用的小寺廟。

沙塵暴過去後，我們又重新準備開拍，從沒吃過螺絲的小馬講不到幾秒鐘就吃螺絲，一共NG了八次。我知道事有蹊蹺，馬上小聲地對製作人小嵐說：「你跟小馬說，請他對著身邊所有『無形』的東西說：『我們是從台灣來的電視台，我們來這裡拍攝可能會打擾到你們，但是請你們相信，我們的目的是想勸告一些無心卻有可能冒犯到你們的觀光客，不要隨便就來打擾你們，不要因為好奇心影響你們喪葬習俗的處理過程。』」小馬照著講完後再開拍，就再也沒有吃螺絲、也沒有怪風作祟了。

鐵齒的我向來對於聽說而來、沒見過的事情通常不太相信，但這次卻是千真萬確地出現在我眼前，讓我不得不對這神祕之境抱持著敬畏之心。開拍之際，馬上就有沙塵暴橫掃而來，鄰近村莊和山頭卻不見有沙塵暴，時間和地點湊巧到令人覺得不可思議。還有從來不吃螺絲的小馬，竟一連NG了八次，而這些怪事在小馬對「空」解釋後就消失了，連他自己都嚇了一跳。

我們拍攝的天葬台旁有間小廟，通常是停屍處，也是送殯的親朋好友休息的地方。廟裡有個喇嘛，是幫這些往生者念經、超度的人。拍攝當天，我們請這名喇嘛介紹天葬台的關係位置，以及天葬時會用到的器具與使用方法等。

小馬見到喇嘛，問他「你在這裡多久了？」。

他說：「十年了。」

小馬又繼續問他，「在這段期間，你晚上有聽到奇怪的聲音或見到異象嗎？」

他回答：「沒有。但是我會來這裡，聽說是因為先前的喇嘛每晚都會聽到怪聲，所以做了兩、三年就受不了離開了。」

小馬問他，「那你會不會想看到這些奇怪的景象？」

那喇嘛連忙道：「不要，不要。」

我原本就對藏人的天葬習俗抱著尊重的心態，而在這次的親身經驗後，讓我對天葬習俗多了一份「敬畏」。

尊重他人，自己才會受到尊重

另一個在藏區流傳的小故事，也許更能提醒我們對藏人的風土民情要給予尊重。

藏人向來很愛護鳥類，不會去射殺牠們，主要是因為天葬最重要的過程就是要靠這些野生禿鷲來啄食往生者的遺體，讓禿鷲把亡者帶到西方極樂世界。藏人相信，第一隻來啄食遺體的鳥就是這個往生者的「本命鳥」。據說在一九五一年左右，解放軍前進西藏時，曾有名中尉在西藏昌都拿槍打死了一隻禿鷲。

事情發生後，當時地方首領土司就跟司令官說：「我不幹了。」司令官納悶地問他「為什麼？」，畢竟剛解放西藏不久，有很多政策與命令需要透過土司才能宣導與推動，現在一說不幹，這些政令就無法推展、居民就難以管理，有可能會出亂子。

土司說：「我是個土司，卻連我老百姓的一隻本命鳥都保護不了，那我做這個土司還能幹啥事？」中尉當時或許只是好玩，打死了一隻禿鷲，沒想到卻犯了藏人大忌，最後只能把那名中尉抓起來，當著所有人面前槍斃，才擺平了藏人的不滿。

這個故事或許只是謠傳，卻能說明藏人對於天葬習俗的重視。一般觀光客對於天葬或許充滿好奇，說不定還帶著「怎麼還會有這種愚昧風俗」的心態，但對藏人來說，這是傳承千百年來他們奉行不渝的至高傳統，是他們延續生命的根。因此，我們應該了解、尊重，不要讓自己單純的好奇心和無知，毀了往生者在人生最後階段的功課。

藏族喪葬習俗——天葬、水葬、樹葬、壁葬

天葬儀式

儘管藏傳佛教是藏人信仰的主流，但是受到漢族文化的長期影響，不少藏區習俗難免帶有漢人文化的影子，其中就包括喪葬習俗。藏人在親人往生後，會請村中寺廟的喇嘛占卜，根據亡者的生肖、歲數、往生日期及時間推算出必須停柩幾天、要請多少喇嘛念頌哪部經文、要念幾遍才能得度，以及要做哪些法事等等。

很難得能夠近距離拍攝到禿鷲。

接著由親人為往生者卸除衣物，將身體調整成盤坐姿，靠放在磚用的土胚上，直到出殯那天。出殯前一天下午約三、四點，喪家的親朋好友都來幫忙，並決定隔天哪些人可以去天葬台送往生者最後一程。依照藏人習俗，只有一些遠親朋友、同事才可以送往生者到天葬台，家屬至親都不能參加。喇嘛會根據亡者的生肖和歲數來推算，挑選出適合前往天葬台的生肖，以及絕對要避開的生肖，並決定出殯當日送殯的人數。

出殯當日凌晨三點，送殯友人會到喪家，並在三點半左右，把用哈達包裹的遺體移出

西藏佛寺內常見的「藏經閣」，每個木格中都擺著一本本經書。

家裡。一出家門，大體由揹屍者接手，揹屍者走過的腳印都要用掃把掃掉，讓往生者找不到回家的路。就這樣一路揹到廟裡繞佛，然後就放到鐵牛車上或木板上扛到天葬台。清晨五點到了天葬台後，由天葬師一邊持咒，一邊分離遺體的骨和肉，將頭顱與肢體分離後放在石臼內搗碎和上糌粑，等禿鷲食完遺體，整個送葬儀式才結束。天葬師如果沒有肢解遺體，禿鷲可能三天三夜都不會吃掉遺體，也就無法達成往生者前往西方極樂世界的心願。如果當天要處理的遺體太多，禿鷲可能吃不完，就會將遺體的骨頭部分埋在天葬台旁邊的瑪尼堆，然後將禿鷲吃剩的肉燒掉，三個月後再把骨頭從瑪尼堆取出。

亡者家屬當然都希望禿鷲能快點吃光往生者的遺體，這代表往生者的此生功德很圓滿。如果遺體還剩下一點點，代表還有些罪孽未解。曾經有藏人導遊形容很壞的人說：「他死時連禿鷲都不吃。」藏人相信連禿鷲都不吃的遺體，此生一定罪孽深重，根本不可能升到極樂世界。有些家屬害怕會發生這種情形，就會塞給天葬師紅包，希望能優先處理親人的遺體。

奇怪的是，在西藏社會裡，天葬師是與屠夫、製刀者一樣屬於社會地位低下的職業。藏人認為這三種人都是動刀的人，加上藏人認為天葬師每天都在處理屍體，難免會沾染到一些穢氣，所以很多藏人都不喜歡與天葬師為伍。還有一個原因，天葬師處理的遺體通常都在人往生後三天，身上多少會有些屍味，藏人又沒有每天洗澡的習慣，久而久之，身上就會有一股令人敬而遠之的濃重異味。

水葬、樹葬、壁葬

除了天葬外，藏族還有其他不同的喪葬方式。例如在拉薩，鰥寡孤獨的亡者或是早夭的小孩，都是採水葬。水葬台通常會架設在河面上出現順時針漩渦的河流旁，首先一樣先肢解遺體，再放入水中讓魚啄食。小孩的遺體則會放進陶甕，再把甕沉入水中。雲南的藏族則是因為當地有許多森林，不適合禿鷲生存，所以喪葬方式只有水葬一種。

同樣是水葬，不同地區的儀式也有些微差異。例如雲南的藏族，是直接將包裹哈達的全屍綁上石頭，沉入水中讓魚群吃掉。而四川阿壩州的藏族，因為受到苯教影響，水葬台則選在出現逆時針漩渦的河流旁。

西藏林芝地區採用的是樹葬。當地林木蘊藏豐富，許多都是原始森林，當地藏人就地取材發展出樹葬習俗。首先用哈達纏繞遺體，再把砍下的樹幹中心挖空，把遺體放進去後蓋起來，外面再用哈達纏繞，最後扛著樹幹直直立在特定的一株大樹旁。另一種樹葬方式，則是用哈達纏繞包裹遺體，直接掛在樹幹上，並要確保遺體離地，不會讓遺體被野生動物吃掉。兩年後，家屬會去撿骨，埋在樹底下。這種樹葬方式也稱為複合葬。

壁葬是另一種複合葬，主要是在阿里地區的普蘭、札達、古格王國遺址等地。由於地形多為土林，房子都用夯土搭蓋，牆壁通常很厚。當地藏人認為家中有長輩在是福報，所以當家裡的年長者去世後，為了把這種福氣留在家裡，家屬會在客廳或廚房的牆壁上挖出一個人形洞，放進遺體，再用軟土填糊起來。過了兩、三年後，再取出遺骸，拿到住家附近埋起來，希望來世輪迴時，還是能做父子、爺孫。

再好的美景，都會過去

我帶西藏團十三年以來，碰過來自各行各業的團員，比如專業經理人、公務員、醫生、老師、會計、業務員、記者，或是科技產業的工程師，從企業負責人到一般的受薪階級都有。每個人去西藏的目的不盡相同，有人為了攝影，有人為了宗教信仰，有人想要征服這被稱為「世界屋脊」的地方，也有的人只是純粹想放空，給自己一個沈潛思考的空間。

這些團員不管是企業大老闆，或是業界叱吒風雲的人物，或是存款簿上有好幾個零的有錢人，只要到了西藏，所有的功名利祿都被排除在這第三極地之外。面對西藏的大山大水，社會中所給予的各項光環盡褪，人人平等，同樣得面對高原環境和氣候變化的考驗，難以適應就得忍受高原反應的不適，沒有任何例外，也沒有任何錢財或他人可以取代這些體能或心理上的考驗。

正因為每個人都有不同的專業背景和生涯歷練，面對同樣的西藏風景和行程，他們發自內心的感觸和省思總是會給人不同啟發，我也因此學習到不少來自各行各業不同的人生體悟。

旅遊變成花錢找罪受？

尤其在遇上保險業界中響噹噹的頂尖業務員胡之壯後，這個體悟更深。

他在二〇一〇年六月參加我所帶的西藏阿里團，其中行程算是所有西藏旅遊行程中難度屬一屬二。他所以會到西藏旅遊，完全只為了一個已經答應朋友的承諾：陪朋友一起到西藏，沒想到辛苦程度卻讓他後悔不已。行程頭幾天，原本講起話來像連珠砲、談興意氣風發的他，就飽受高原反應所苦，一路變得沉默寡言。從第一天就嚴重睡眠不足，隔天一早又要從成都趕飛機飛到拉薩，因為前晚睡得少，當天一到拉薩他就因為頭痛，吃也吃不下、睡也睡不著，只能一個人先回飯店休息。

身為保險業務員，當然看過不少人因意外或重病而必須動用保險給付，躺在飯店床上的他睜眼看著天花板發呆，心裡想著「我該不會一個人就掛在這裡吧?!我自己

陽光下湛藍的瑪旁雍措。「瑪旁雍措」藏語意為「永恆不敗的碧玉湖」，玄奘曾稱它是「西天瑤池」，是藏人心中三大聖湖之一。

做保險的，該不會真的要用到海外急難救助吧？難道我就這樣先打道回府嗎？」。

接下來的行程是登高看世界第一高峰——珠穆朗瑪峰，沿途路況顛簸，吃住克難，飽受高原反應症狀折磨的他，不禁自問：「這地方真的是花錢受罪，我到底為什麼要來？我非得要這麼折磨自己嗎？」

尤其是行程中，要從中尼邊境的吉隆趕到岡仁波齊神山山腳下的塔爾欽那一段，早上必須很早摸黑出發，沿途除了經過世界最高的小鎮、海拔四千七百公尺的帕羊，還得翻過海拔五千兩百公尺馬攸拉山口，才能到達塔爾欽。因此，不僅要適應高原反應，還要忍受崎嶇不平的道路顛簸之苦，萬一遇上修路，就只能走更顛簸的便道或直接涉水而過。路途中吃得也很將就，早餐只是簡單的水果和白煮蛋、稀飯，午餐又只能以泡麵填飽肚子，就要忙著趕路，繼續在石子路上顛得七暈八素，肚裡還沒消化完的泡麵湯水就這樣跟著車子搖晃，加速肚子裡的湯水發酵、消化，這些對於在台灣享受慣的胡之壯來說，簡直是比死還痛苦的折磨。

美景終將過去，人生還有另一個風景等著

一路從帕羊開始顛簸了四、五個鐘頭，終於來到阿里境內、藏人譽為聖湖的瑪旁雍措。陽光映在湖面上反射碧波盪漾、波光粼粼，湖面像是灑滿了珍珠，寬闊的瑪旁雍

清晨的帕羊望著遠方的雪山。帕羊是全世界海拔最高的小鎮，通常要往阿里的旅人都會選擇在這裡住一晚。

措如此寧靜清澈，輝映著遠方的雪山——岡仁波齊神山和那木納尼神山，整片美景令人屏息，每個看到這個美景的團員終於體會到，為什麼每年會有成千上萬的印度教及藏傳佛教的信徒會特地到這個聖湖朝聖、轉湖、洗浴，因為這充滿神聖之美的湖水，能洗淨身體的污穢，洗滌人心的毒害與罪惡。

原先一路上還不斷嘀咕著來西藏受罪的胡之壯，一看到這湖泊、雪山、藍天白雲和浩瀚草原組合的美景，忍不住讚嘆人間竟有如此美麗的風光，一邊對我說：「原來，能看到這片美景，不是從天上掉下來的，是我經歷過這麼多辛苦的歷程後換來的。」但是他又接著說，「不過再美的景色，都只能把握這十幾二十分鐘的時間好好欣賞，最終都必須離開，朝下一個美景前進。這就是人生。」

歸零，才能再創高峰

我很驚訝，在辦公室裡擺滿每年度業績第一名獎盃的胡之壯，竟會脫口而出這樣的體悟。他說，身為保險銷售員，每天都要抱持著被客戶多次拒絕仍不放棄的努力，才能創造業績。就算是做到該年度業績第一，在年終的公司晚會中風光地上台領獎、接受表揚，但美好的時刻就只是在那短短幾分鐘，隔天一覺醒來，一切歸零，得再重新開始，創造下新業績。

就是這樣，看到這片美景後他才會有感而發地說，能在保險業界小有成績，是他每

夜宿帕羊，很多旅人都會入住全帕羊鎮最好的「札西旅館」。這最好的棲身之所也只是土牆、泥地和窄板床所組合的住房。

天戰戰兢兢、勞心勞力的付出才換來的；就像這眼前的美景，也是這一路上經過七、八天頂著寒風的辛苦趕路才能獲得的。但是，太陽終究會下山，再美的風景也只是行程中的一站，接下來還是得繼續辛苦的旅程，往下一個美景前進。

再放大到整個人生來看，這美景就像是人生順遂、高峰的時刻，都是因為先前有一段長時間的辛苦付出、甚至是默默耕耘的人生低潮時刻。如果沒有這些先前的付出與忍耐，就沒辦法享受人生的顛峰了。胡之壯就說到，在他成為頂尖業務員後，投資了許多房地產，沒想到遇上金融海嘯，足足有三年，他每天都為了軋支票焦頭爛額，常常月初賣房子進帳的幾百萬元，不到兩個禮拜就又因為幾十萬、幾百萬的貸款掏得精光，每天都活在房屋交易能不能談成、票軋不軋得出來、下一筆貸款要從哪裡來的焦慮之中。

這人生的起落，讓他對於順境和逆境有了更深的感觸。人生也許創造了顛峰，但好景不常，遇上逆境，還是得咬著牙撐過去，朝向下一個顛峰前進，不然人生就此停留，無法再走到下一個高峰，美好的人生當然就走樣了。

胡之壯的話對照我自己這些年的體悟，也讓我體認到人生起落無常，你今天在人生舞台上表現好，台下觀眾自然會給你掌聲，但掌聲之後還是要下台休息，為什麼？因為這樣才能繼續努力，才能準備好明天要上演的戲碼，這就是人生每個階段的循環。我自己這十多年來歷經過不少波折，到現在或許有些小成就、生活也還算過得去，卻還是隨時要有歸零的心理準備，因為過去的風光已經過去了，現在的風光美景即將消逝，未來的困難等著去解決，這就是人生，這就是所謂的歷練。

這些體悟其實不難理解，來自各行各業的團員們真正來到西藏實際體驗後，對照他們自己的人生，這些體悟會變得更深刻。在西藏旅遊，尤其是深入偏遠的阿里行程，會讓每個人在最短的時間內深切地反芻自己的人生。旅途中的每個驚奇：藍天白雲、湖泊倒影、稀有的藏羚羊和野驢，當下你可以盡情拍照、盡情欣賞，但是這一切都稍縱即逝，總是會過去。人生不就是這樣嗎？面對西藏寬闊浩瀚的自然景觀，每個片刻就是自我沉澱的一個好機會。

藏北的野生動物

包括阿里、可可西里無人區在內的藏北地區，因為地屬偏遠、人跡罕至，大概每兩平方公里才有一個人，也因此保留了許多原始的地形環境與生態。一般旅遊者行經至此的重頭戲，就是在大片原野上親眼見到許多從沒見識過的野生動物，包括藏羚羊、岩羊、狐狸、旱獺（又稱雪豬）、野驢、野兔、野狼、野犛牛……。這些野生動物中，又以只能在可可西里無人區看到的藏羚羊和野犛牛最珍貴。

瀕臨絕種的藏羚羊

屬於國家一級保育類動物，主要棲息在西藏、青海等地，原先兩地的藏羚羊加起來只剩下兩、三萬隻，在國家立法與成立保育巡狩隊與專責警察的保護下，目前已經恢復到十幾萬隻了。藏羚羊主要活動期間為每年的五月到九月，七月、八月可以看到最多的藏羚羊，季節性遷徙是牠們主要的生態特徵。每年五月、六月，母羊會遷徙到可可西里的卓乃湖附近生產。在小羊仔會走路後，再於八月、九月沿著原路回到棲息地。藏羚羊屬於群居性動物，所以如果看到一頭藏羚羊，代表附近應該還有另一頭或一群藏羚羊。

藏羚羊的絨毛質地柔軟，用藏羚羊絨毛做成的圍巾十分保暖，且柔軟到可以穿過戒指。在國際市場上，一頭藏羚羊絨毛所做成的一條圍巾，市值大概是美金一萬元，大一點的圍巾則可能需要五頭藏羚羊的絨毛。藏羚羊的絨毛因為來源稀少，特別珍貴，也因此被稱為「軟黃金」。

物稀為貴的藏羚羊曾經因為被大肆盜獵而瀕臨絕種，許多盜獵者為了取得絨毛，會開著吉普車一路在藏羚羊出沒地區尋找獵物，一旦發現藏羚羊的蹤跡就毫不留情地開槍射殺取皮。現在因為有巡狩隊與森林保育警察固定巡邏，盜獵

情況比過去好多了。要提醒的是，一般觀光客走藏北時要注意，遠處的吉普車可能是盜獵者的車，所以不要太靠近，以免被誤認為檢舉者而受到傷害。

此外，藏羚羊生性機伶又很怕生，加上過去盜獵嚴重，只要一發現有吉普車靠近或有聲響，就會馬上狂奔保命。如果在旅途中有幸看到藏羚羊，千萬不要開車去追，尤其是四月、五月份繁殖期，很多懷有小羊仔的母藏羚羊準備生產，如果開車去追或對著牠們按喇叭，可能會導致奔逃的母藏羚羊流產而破壞牠們的生態。

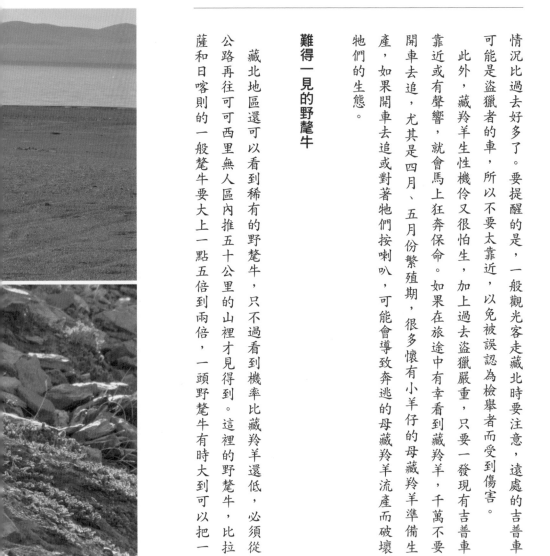

難得一見的野犛牛

藏北地區還可以看到稀有的野犛牛，只不過看到機率比藏羚羊還低，必須從公路再往可可西里無人區內推五十公里的山裡才見得到。這裡的野犛牛，比拉薩和日喀則的一般犛牛要大上一點五倍到兩倍，一頭野犛牛有時大到可以把一

右上：可可西里無人區瀕臨絕種的藏羚羊。藏羚羊主要活動期間為每年的五到九月，季節性遷徙是牠們主要的生態特徵。

右下：旱獺，又稱為雪豬，多棲息在附近有水源的草原或山麓。

左上：要在藏北地區看到野犛牛，機會比看到藏羚羊還低，必須從公路往可可西里無人區內推五十公里的山裡才看得到。（翻拍自尼瑪賓館內照片）

左下：在藏北地區經常可以見到成群的野驢。

部四千五百CC吉普車頂翻。野犛牛屬於群居動物，在一群野犛牛中會有一隻具領袖特質的「頭牛」，為了保護家人及領地，如果有人太靠近，頭牛會衝過來攻擊。

所以在旅程中若看到一整群野犛牛在遠處時，最好趕快離開，就算要停車拍照也要離得遠遠的，否則一旦牠們發怒追過來攻擊，可能有生命危險。

群居的野犛牛間也會有競爭，若原來的頭牛被新頭牛取代，就得離開群體生活，獨自跑到較靠近路邊的草原生活。要記得野犛

在瑪旁雍措，雲霧盡散的納木那尼峰難得一見。該峰位於喜馬拉雅山西段，藏民稱之為「聖母之山」，與藏民心目中的神山——岡仁波齊神山遙遙相望。

牛都有領域性，一看到吉普車可能會衝過來攻擊，所以走這段行程時要特別注意自身安全。

在藏北地區旅遊要有保護生態的意識，看到野驢、藏羚羊等野生動物，千萬不要故意開車追逐而對牠們造成驚嚇，或者破壞牠們賴以維生的草原及生態環境。若想要仔細觀察，建議準備高倍數的望遠鏡或相機鏡頭，將牠們的身影留在記憶裡和相機中，千萬不要讓一時的好奇心驚擾到牠們的生態作息。

倪敏然來了這裡，就不會自殺

在所有進藏路線中，順著兩山之間的峽谷裡穿行的川藏公路，一直被認為是最美的一條進藏路線。遊客搭車行走在公路上，就能欣賞到峽谷旁的湍湍河水、山腳下的小村落、梯田、遠處的雪山和藍天。如果遇上繁花盛開的三到五月份，遍地是桃花、高山杜鵑、櫻花、油菜花，嬌豔的顏色配上白雪尚未融化的遠山、藍天中的白雲和靜謐的湖泊，就像是世外桃源、人間仙境。

一生一定要去一次的人間仙境

這是條許多遊客一致推崇為最美的進藏公路，但早些年前，因為土路路況不佳，也被視為是不好走的一條路線，道路顛簸，所費時程也頗長。二〇〇三年四月，我曾帶團從雲南香格里拉出發，經過稻城、亞丁，再進入西藏拉薩、珠峰，路線以川藏公路

春天的波密有繁花綻放的絕美，盛開桃花加上遠方雪山，交織出一幅世外桃源之美。

為主，行程涵蓋了雲南、四川、西藏，全程二十四天，長時間的舟車勞頓，對每位團員來說都是考驗。

不像現在，很多地方都已經有三星到四星級的飯店進駐，那時候，沿途吃住上更為克難。四川的稻城、亞丁、德欽、德榮，進了西藏後的芒康、左貢、八宿、然烏湖、波密，幾乎都得夜宿在簡陋的招待所裡，熱水是要特地用大水壺燒開後裝在熱水瓶裡省著用；遇上限電時只能靠手電筒撐過；洗手間只有招待所外面有，晚上要如廁必須自備手電筒。沿途的生活條件好像回到台灣五、六〇年代，小孩流鼻涕、打赤腳、衣服髒污破爛，可能幾年沒洗也沒法補，想必台灣的四年級生都曾經歷過或見過這樣的生活。

那時去西藏旅遊，是一種挑戰、冒險。

見過西藏後，你會義無反顧地活下去

那次行程的第九天，我們從四川、雲南、西藏交界的芒康縣進入西藏，開始西藏的旅程。就在當天晚上，有位團員跟台灣家人報平安時，從親友口中得知藝人倪敏然自殺身亡的消息，掛上電話後，這個爆炸性的消息就在團員之間傳開來。

聽到這個消息，每個人都驚訝地說不出話來，有個在馬偕醫院擔任護理長二十多年的團員不禁感慨說：「如果倪敏然來參加這個西藏旅行團，就不會自殺了。」

右頁圖及上：梅里雪山是藏民心中的聖山，其日出和夕陽是滇藏公路不可錯過的美景，尤其難得可見撥雲見日的山峰。

下：冬天行經川藏公路，舉目望去都是皚皚白雪。從理塘到巴塘路段，平均海拔在三千五百公尺以上。

許多走過西藏之旅的遊客，聽到倪敏然自殺的消息，或許都會有同樣的感觸，但這些話出自護理長之口卻更具震撼力，也更具說服力。她不僅親身走過艱難的川藏路線，而且在醫院服務了這麼長時間，看盡生老病死、悲歡離合，生死難關應該已能淡然處之了。但走過西藏，卻讓她意外地能親身經歷到什麼才是真正的艱困，而更能珍惜自己擁有的幸福與幸運。

在護理長講了那段話後，團裡另一對在宜蘭開家具行的夫妻也回應道：「平凡不起眼的人，對於挫折好像比較能逆來順受。但是如果一向平步青雲，在眾星拱月的環境下生活久了，或許比其他人更無法承受挫折和打擊。」倪敏然也曾在經濟起飛之前的貧窮台灣生長過，但或許是鎂光燈前的歲月太過耀眼，一旦失去了掌聲，在生活及感情上就變得脆弱不堪一擊了。

然烏湖附近居住著門巴族，過去門巴族會用下蠱巫術自保，為了自身安全，盡量不要到門巴族家中拜訪。

茶馬古道是西藏、雲南、四川之間的古代貿易通道，利用馬幫運輸，川、滇所產的茶葉得以與西藏的馬匹、藥材交易。圖為二〇〇六年雲南省舉辦的「滇藏茶馬古道勘界活動」場景。

到過西藏的人，尤其是到了生活條件更艱困的後藏阿里地區，應該都會暗自慶幸自己能夠生長在物質條件豐厚的台灣。面對人生的關卡要如何看待，全在心態問題，轉個彎想想，生活在偏遠藏區的許多藏人，可能終年都無法填飽肚子，面對這種或許永遠都無法改善的生活，卻仍能安然以對。所以，究竟是我們要求太多？還是生活得太安逸，才會不堪一擊？

生命原來可以如此簡單美好

是否要經歷波折，才能成長？是否要走過大風大浪，才會懂得珍惜現在？

倘若能夠在旅途中，親身體驗過刻苦的生活條件，也許會回過頭來自我省思：原來我現在擁有的一切是如此美好！曾經有團員在走完西藏最一般的拉薩→江孜→日喀則的行程後，跟我說起他最大的感想，「原來生活可以這麼簡單！」在西藏旅遊的過程中，常常會碰上沒水沒電的情況，下榻地方的霉味、酥油味可能讓人難以入眠，三餐的選擇只剩下泡麵和唯一一種水果，在

嘎然湖則有著最原始的美麗，讓人流連忘返。

這些極差的生活條件下，人才能靜下心來反思：原來我現在的工作、我住的地方、我吃的東西、我的待遇、我能享受的各項便利都是幸福。

身為旅人，即便我們挑了最難走的川藏公路或阿里路線，在這裡待得再久，我們終究只是到此一遊的過客。但當地的居民、牧民別無選擇，每一天都要面對這麼困苦的環境，他們都能生存下來了，那我們所受的苦又有什麼好過不去的？

山不轉，我轉

這麼多人願意到西藏旅遊，不是沒事花錢找罪受，而是到了西藏，就等於為自己塑造出一個能體驗不同環境的機會。就有客人跟我說：「平常在台灣生活慣的人，值得實地走一趟西藏。因為在西藏，有時候當我們以為山窮水盡時，轉個彎又是柳暗花明了。」

我們無法保證一生都能過得順遂，因此要學會在低潮時為自己尋找出口、絕處逢生。當你以為路已走到盡頭了，不該就此放棄，而是代表自己該轉個彎了。不是有人說，老天爺關掉我們一扇門，會再幫我們開一扇窗嗎？與其等待，為什麼不能夠自己主動去尋找這扇窗呢？心境轉變後，你眼前出現的可能不只一扇窗，甚至會找出更多可能性，不用等到老天爺來幫你。

這番話，其實正是我這幾年來的心情寫照。此路不通，就換條別的路走吧。最重要的是，面對逆境，要學會轉變心境、沉澱自己，你會發現原來這個世界，比你想像得更寬廣、更開闊。

最美的川藏公路

所有進藏路線中，川藏公路沿途風光最美，也是旅客最不會得高原反應的一條路線。由於經過的地形多為峽谷，兩旁為河流、雪山，濕度較高、含氧量就較高，旅客比較不會有缺氧症狀。再來，川藏公路平均海拔在四千公尺左右，大部分行程介於一千八百到兩千八百公尺之間，沿途海拔上升速度較緩，途中若有經過較高山口，可能只會停留一、二十分鐘，就會再往下走回到較低海拔的地方，一上一下相互抵銷，一天之內實際上升的高度，可能只有五百到一千公尺，所以比較不會因為海拔高度變化過大而產生高原反應。

川藏北線和川藏南線

川藏公路分成川藏北線和川藏南線，兩者的起終點都是從成都到拉薩，大部分的旅客會選擇走景色較美的南線，從成都出發後到達雅安、康定，經過有小鎮風情的新都橋、雅江，接著到理塘、巴塘，進到西藏的芒康、左貢、八宿、波密、八一，終點到拉薩，全長大約兩千一百公里。

實際上，川藏南線的前半段景色沒有北線美，所以我通常會建議要走川藏公路的遊客，前半段先走北線，到了昌都後再轉到南線。行程通常是從成都出發後，來到丹巴美人谷、川藏線重要商品集散地甘孜，接著翻過雀兒山到德格、昌都；抵達昌都後，就可以往南經過邦達，接到川藏南線的八宿、波密、八一，終點到拉薩。

北線後半段過了巴青、索縣，位於茶曲鄉的達木寺仍保留著神祕的藏傳佛教習俗。當地的喪葬習俗是，遺體上了天葬台後，直接讓禿鷲啃食，不將骨頭打碎，過了兩個禮拜到一個月後，再將剩下的骷髏頭帶回來，放在寺廟外面的圍牆上。所以從遠處看，就可見到一整排圍牆上都是骷髏頭，彌漫著神祕的宗教氛圍。

給旅行者的提醒

● 避開雨季：要走川藏公路，一定要避開七、八月的雨季。因為川藏公路地處縱谷、峽谷之間，鄰近溪流、山坡，一旦下雨，「之」字形山路容易發生土石流、山洪爆發。一九九八年，川藏公路上的雅江就曾發生過威力不遜於台灣八八風災的土石流災情，暴漲的溪水衝毀樓房、路基，就算是十幾噸的車子都保不住。所以雨季時，絕對不要走川藏公路。不過目前全球氣候變遷嚴重，雨季可能提前或延長，為了安全起見，盡量選在開春、中秋後再走川藏公路。

●行程中要保留彈性：川藏公路經過的左貢盛產冬蟲夏草，每到四月採收之際，當地公安會禁止遊客在當地過夜。這項規定主要是因為多年前，左貢曾經發生過有外地人在四月採收時節，為了搶奪一小袋價值百萬的冬蟲夏草，鬧出人命。此後，遊客在四月份經過左貢都不准在當地過夜，連去餐廳吃飯都有公安車隨團監視。所以四月走川藏路線時，要記得保留點彈性，隨時要有換住宿地點的心理準備。

滇藏公路

滇藏公路的起點是昆明，過了芒康後，滇藏公路就會匯入川藏公路。要走滇藏公路，我推薦一定要去看看德欽的梅里雪山及明永冰川，尤其是看梅里雪山的日出和夕陽。

●梅里雪山不可錯過：梅里雪山在藏民心中是八大神山之首，主峰卡瓦格博所具有的神祕力

海拔三千八百公尺的然烏湖是藏東第一大湖，位於昌都地區，是走川藏公路時必定造訪的景點。

量，直到現在仍在當地流傳著。據當地導遊說，在一九九〇年，曾有中日聯合登山隊誓言要攀上梅里雪山主峰，但遭到當地藏民反對，認為梅里雪山不可褻瀆。但登山隊不顧藏民反對，在確定氣候條件適合攻頂的情況下，按照既定行程出發。藏民為了不讓登山隊褻瀆神靈，開始在山下做法、為神山祈福。說也奇怪，就在登山隊快要攻頂之際，原本天氣晴朗的山上突然颳起大風大雪，雪崩掩埋了整個登山隊，到現在仍找不出天氣驟變的原因。因為這起事件，現在遊客如果在梅里雪山觀景台看不到頂峰，就會罵說：「一定是有日本人在這裡，神山不高興了，所以才會看不到峰頂。」

● 鹽井與製鹽過程：當地居民會到鹽田舀起地底冒出的鹵水，倒到河岸旁的平台曬乾製成鹽巴。在金沙江河岸，看到一個個在鹽田裡辛苦揹著鹵水的居民，克服生活條件的限制，完成製鹽過程，可以深刻體會到「人定勝天」的道理，也會感念一方水養一方人。

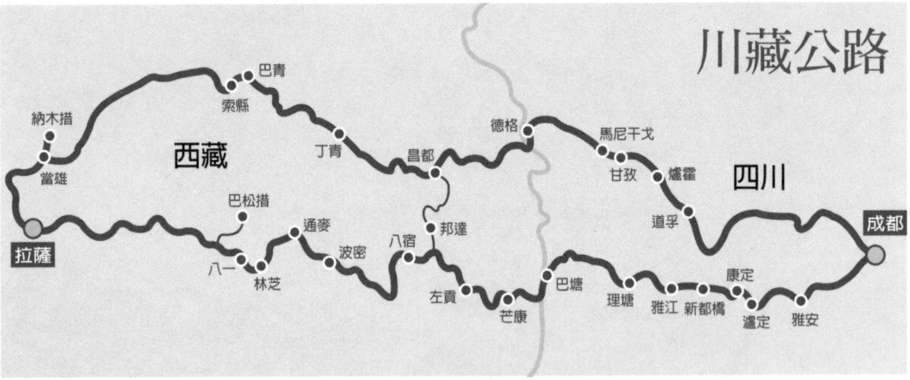

●不要隨便到門巴族家裡作客：另外，經過門巴族所居住的八宿、波密及然烏湖時，不要隨便到他們家裡拜訪。由於過去門巴族的少數民族長期受到他族欺壓、追殺，最後被趕到深山峽谷居住，為了保護自己和家人，老一輩的門巴族會用下蠱巫術的方式自保。外地人如果誤入門巴族的家裡或院子、牛群羊圈，或不小心喝了他們的水，很有可能因此被下了蠱而感到身體不適，卻查不出原因。所以在寧可信其有的情況下，我都會特別交代團員，不要隨便在這些區域串門走戶，也不要隨便跟著當地藏族小孩回家。

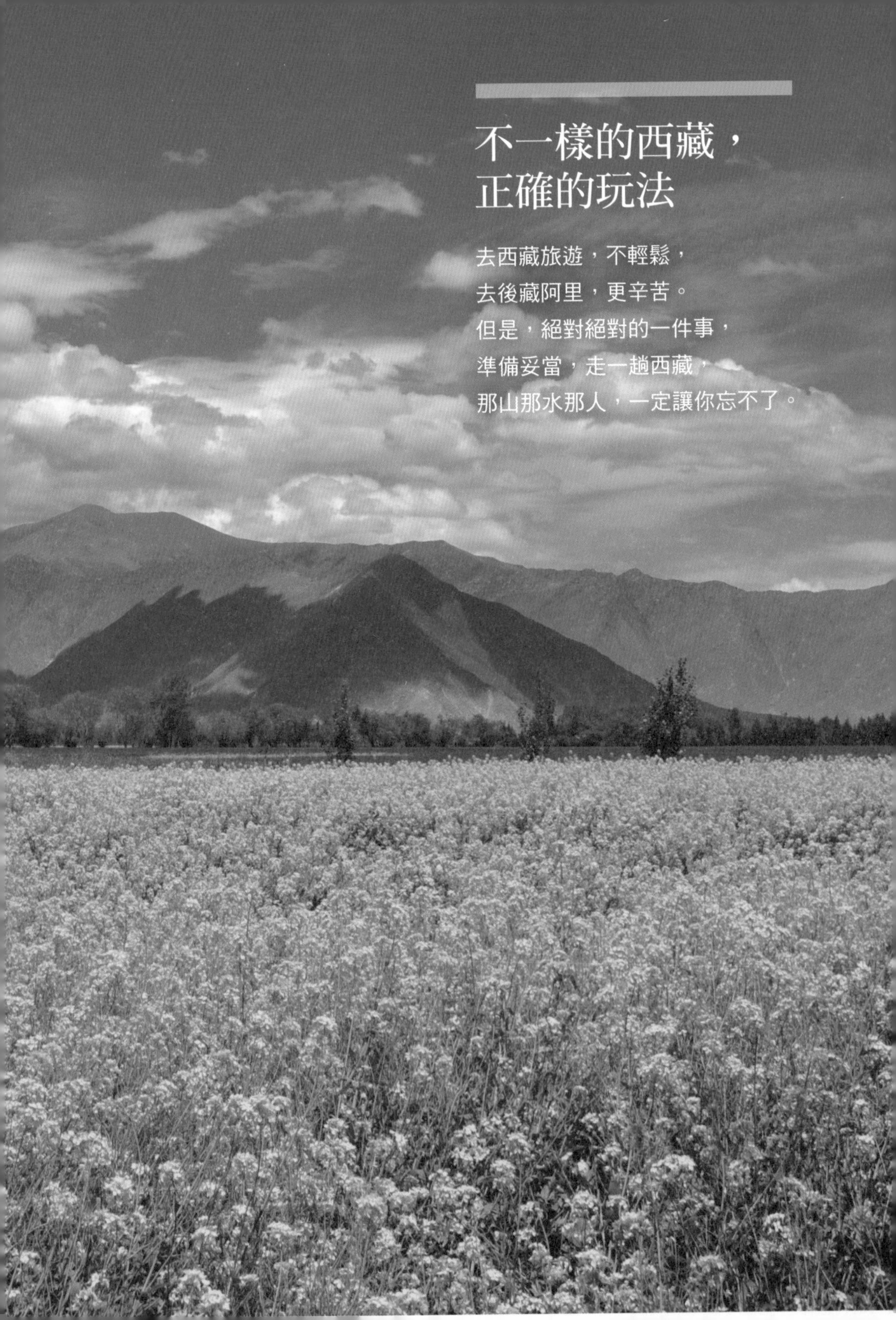

不一樣的西藏，正確的玩法

去西藏旅遊，不輕鬆，
去後藏阿里，更辛苦。
但是，絕對絕對的一件事，
準備妥當，走一趟西藏，
那山那水那人，一定讓你忘不了。

布達拉宮臨別一眼

從我開始帶團進西藏以來，很多人跟我說他們很想去西藏，卻又擔心高原反應，問我如何處理團員有高原反應的經驗。其實在我帶西藏團的頭幾年，對於高原反應的嚴重性還沒有深刻體認，一直到我帶西藏團的第三年，因為團員李明珠小姐差點因為高原反應而丟掉性命，讓我驚覺要成為西藏旅遊專家，一定要先對高原反應做深入研究。

我十三年前開始帶西藏團，那時團量少，有些團員有輕微的高原反應，症狀頂多是頭痛、睡不著、吃不下。那時我不懂要怎麼處理，也不懂嚴重時會導致肺水腫、腦水腫，甚至連氧氣鋼瓶都不知道要準備。

二〇〇〇年，我帶著一群來自各中小學的老師組成的十八天青藏團從西寧出發，沿著青藏公路，一路到拉薩。途中經過的都是高海拔山口，尤其從格爾木到沱沱河的這一段，平均海拔一下子拉高到四千七百公尺，中間還要翻過海拔五千公尺的風火山口。

先前感冒沒好的李明珠，在行程第五天到格爾木時，開始感覺不舒服。接著我們翻過崑崙山口，到沱沱河準備用餐、過夜時，她就說很累想睡，不想吃飯。當時，我以為她只是想休息，但隔天早上，室友就差點叫不醒她，必須幫她穿衣服，撐她起來。我當時不知道這是得了高原反應的症狀，還是繼續原本的行程。

給我救護車，醫生，除非你不願意救人

當天李明珠還是一路昏睡，沒有進食。算算她這一路昏睡了十三個小時，加上她前一晚昏睡十二個小時，已經過了整整二十五個小時。我發現事態嚴重，趕緊送她到醫院。

一進醫院，醫生診斷出李明珠得

從貢嘎機場進入拉薩市區前，可見到這尊著名的石刻聶當大佛。相傳公元十一世紀阿底峽大師一路弘揚佛法，懷裡都有一尊釋迦牟尼佛像，來到聶當時佛像突然開口說話：「我不走了，要留在這裡收服拉薩河的河神。」接著有一天，佛像化為人形定在崖壁上，從此拉薩河沒再釀過巨災。

了肺水腫、腦水腫，加上尿失禁，趕緊給她氧氣、打點滴、吃藥、導尿，嚴重的病情給了我震撼的一課。我第一次了解到，高原反應是足以致命的病症。

看著已經昏迷的李明珠，我問醫生「她要多久才能康復？」，醫生說：「她若在這個海拔四千六百公尺的那曲慢慢醫，要一個多禮拜才能把水排出去；有可能藥品會下得很重而傷到肝腎；導尿導久了，也可能會讓她失去排尿能力，可能一輩子都要導尿。」

當下我就決定，要趕快把李明珠送往低海拔的地方醫治，才能挽救她的生命。但是，我向醫生、護士打探後才知道，醫院唯一的救護車今天已經送了另一名新加坡的遊客到拉薩就醫。現在就算想送李明珠往低海拔地方醫治，都得先等那輛救護車回來。但這一等，可能就要等上五十個小時。隔天，我趁院長巡房時，爭取救護車後送的機會。

我問院長，「這病人情況很危急吧？」院長說：「對。」我接著問他，「如果這病人能送往低海拔地方，還有救吧？」院長回答：「對。」院長連說了兩個「對」，我馬上接著說：「院長，那麻煩你幫我救救這個病人，把她送到低海拔的地方。」院長馬上解釋，醫院只有一台救護車，必須等。

布達拉宮是西藏政教合一的中心，也是融合藏族與漢族文化的建築藝術。對許多來西藏旅遊的人來說，布達拉宮是必定一訪的景點。

我知道如果要等那部救護車回來，再送李明珠到拉薩，前後加起來會耗時一百多個小時，病患絕對會因為腦積水壓迫而造成腦部損傷。於是我話鋒一轉，對院長說：「除非你不願意救這個病人，不然憑院長你的關係，絕對能救。你可以跟這裡的部隊借調救護車；也可以跟這裡的農墾建設或畜牧單位交涉！除非院長你不願幫忙，除非你想看著她死！」

我一扣上大帽子，院長就忙著安排，結果不出兩個小時，就通知說調到了一部救護車，四十分鐘後就可以出發。

那曲縣立醫院規模非常小，醫生、護士不多，院長一開始沒有主動要派給我們隨團醫生。我就跟院長說：「你光給我一部救護車不行！沒有醫生跟護士，車上只有我跟病人那怎麼行？」他一聽，隨即就到急診室點了一個總醫師跟我們一起去。

我緊接著說：「你給我醫生還是不夠，醫師不會打針，護士才會打針！」院長就又派了護理長隨車。人到齊了還不夠，我又要求院長準備藥品。院長回答：「那好，就準備一套。」我想到萬一路況不好，運送被耽擱，原本的路程可能從十六個小時變成二十個小時，因此又說：「一套不夠，要三套。」院長拗不過我的堅持，只好答應。

所有的人事物費用，結算下來高達人民幣一萬七千元，但事後證明，我的考慮是對的。因為我的堅持，氧氣筒從原本的兩瓶增加到八瓶。結果當我們到拉薩時，就用掉了七罐半。如果當初我沒有要求，李明珠會有將近六到八小時沒有氧氣，很可能撐不到拉薩。

這段時間，我一方面在醫院裡照顧李明珠，另一方面也交代隨團的藏族導遊帶著其他團員繼續原定行程。沒想到，卻引來團員不滿。我向團員解釋，「你們還有導遊帶，李明珠現在已經昏迷了，沒有人在身邊照顧，需要緊急聯絡家人時，誰來聯絡？需要跟醫生溝通時，誰來溝通？我不可能把她一個人丟在醫院裡。如果你對我不滿意，沒關係，你回去可以告我，我一定要留在她身邊，安全送她回台灣。」

十六個小時後，我順利在晚上兩點多將李明珠送進了拉薩人民醫院急救中心。比起那曲，拉薩海拔低了一千公尺，對李明珠的狀況有些許幫助，但是她仍在昏迷中。這三天，除了尋求當地醫療協助外，我也一直聯絡台灣的保險公司，請他們協助派專機進行急難救助，但是保險公司不斷敷衍搪塞，希望我們就地醫療就好。因為如果派醫療小組專程後送李明珠，保險公司除了要負擔機上八個空位的費用，還有醫生、護士、聯絡人員的費用，總成本遠高於就地醫療。

海拔四千六百公尺的那曲地廣人稀、空曠荒涼，連城內最大的街道都顯得空空蕩蕩。

到拉薩的隔天早上九點，保險公司的人打電話問我狀況。其實在打電話給我之前，她已經先詢問急救中心的醫生，知道李明珠的狀況有「一點進步」。我說：「病人的狀況還是不好，需要送到低海拔的地方。」她說：「不是聽說她的狀況好一點了嗎？」

我不客氣地回說：「我知道你們的電話有錄音，如果我說出：『李明珠有好一點了』的話，就不需要出動海外緊急醫療小組。萬一出問題要究責，你們就可以說：『當初是

布達拉宮前有一個大廣場，可拍到布達拉宮的正面全景。如果當天太陽露臉，在廣場旁公園內的湖畔，還可拍到布達拉宮的美麗倒影。入夜後的布達拉宮，另有一番風情。

打算派醫療小組前往協助，是領隊說李明珠有好一點了，所以我們就沒有派。』我告訴你，我也有錄音（但實際上沒有）。我已經跟你們申請第三天了，但你們一直打馬虎眼，讓我一個人在這裡苦撐。如果你們再不派人協助，萬一李明珠有個三長兩短，我回去就召開記者會公開這個錄音。」

對方一聽，馬上就說：「李先生，等我一個小時，我馬上回覆。」結果不到一小時，保險公司就聯絡好北京協和醫院的醫生、護士及聯絡官，隔天會帶著從北京帶來的醫療器材，一路護送李明珠到低海拔的成都軍區總醫院醫治。

布達拉宮臨別一眼，緊急後送醫治

隔天一大早，救護車準備把李明珠從醫院送往機場之前，我對著還有點意識的李明珠說：「現在我們要送妳到拉薩機場，途中我會請司機特別繞到布達拉宮廣場，妳可以看一看布達拉宮。」我實在不忍心讓她連布達拉宮都沒能看一眼就離開西藏。

車行到布達拉宮廣場時，我對著躺在擔架上的她說：「把頭稍微轉過去，就可以看到布達拉宮了。」李明珠緩緩地把頭轉向布達拉宮，看了好一會兒，隨即掉下了眼淚。我跟她說：「我答應妳，如果這次妳回去好好養病，什麼時候妳想再來，我李茂榮都會陪妳。」她微弱地點點頭說好。而我，也掉下了眼淚。

當我把李明珠送到機場後，因為停機坪不允許攜帶氧氣瓶，所以從登機前就沒有再

走三一八國道，從日喀則回到拉薩的途中常可見到黃澄澄的油菜花海，別有一番鄉村風味。

夜晚時分，布達拉宮廣場前的噴泉一景。

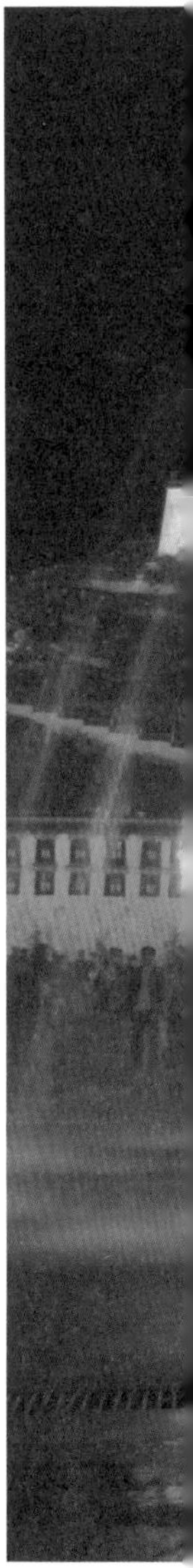

提供氧氣鋼瓶給她，一直到她被抬上飛機，上好螺絲和安全帶就定位，那時缺乏氧氣已經長達近一個小時。如果再繼續這樣下去，肺水腫、腦水腫會加速惡化。

因此固定好李明珠的擔架後，從北京來的醫生就跟空服員說：「我這個病人需要氧氣，麻煩你提供氧氣給她。」但空服員說：「不行，按照規定一定要等到飛機起飛，平穩了，才可以給氧氣。」但等到所有客人上機、起飛到平穩狀態，至少還要再等一個小時。

醫生就跟空服員說：「我以一個合格醫生的身分，麻煩妳去跟機長講一下，他要是現在不提供我病人氧氣，我絕對依照聯合國緊急救難協定的規定，告到國際法庭，取消他的機長執照。」本來空服員還不以為意，一副氣不過的樣子，一擺一扭地慢慢走到機長室。但過沒多久，就看到空服員小跑步回來，趕緊給李明珠氧氣。

我心想，哇，這個醫生夠專業，也放心將李明珠交給他們送往成都醫治。

隔天下午五點多，我就接到李明珠電話，說身體已經恢復了。這一刻，我才如釋重負，覺得當初的所有堅持都做對了。尤其在我返台聽到一個不幸的消息後，讓我從此下定決心，要把高原反應當成專門領域來研究。

那一年有另一團由老師組成的旅遊團也去了西藏，走的行程跟我們類似。當時團中也有個老師得了肺水腫、腦水腫，最後卻不幸過世。據說當時的領隊只叫了一個司機，給了這個團員一個氧氣袋後就直接後送。殊不知，一個陷入昏迷的人不可能自己抱著氧氣袋吸氧，一旦睡著了，手一鬆，氧氣袋就會脫離，這名老師就因為缺氧而過世了。

聽到這個消息，加上自己的親身經歷，我知道高原反應足以讓人致命，不能等閒視之。一個缺乏經驗的誤判，有可能犧牲掉一條寶貴的生命。

給旅行者的提醒●

高原反應的症狀與預防

每次帶團都會有些團員出現高原反應，而想要放棄後面行程。我會建議他們去醫院檢查，反覆多次出入日喀則的第八軍醫院後，我因此認識了那裡的醫生趙汝頻。他教我許多高原反應的知識，加上許多我用生命換來的經驗，對於往後我處理團員的高原反應很有用處。

- 高原反應症狀多元，不宜輕忽：輕微缺氧所產生的高原反應症狀，包括頭痛、睡不著、頭暈、想吐、四肢無力、嘔吐，甚至會胃痛、腹瀉、嘴唇和指甲發紫。除了腦部缺氧，胃肌和周圍的微血管也會因為缺血而造成缺氧，所以有些人會胃痛、胃寒導致腹瀉。女性朋友的生理期提早或延後，也是高原反應的症狀之一。
- 感冒、發燒：這也是高原反應的症狀。很多人會誤以為是感冒才引發高原反應，但其實相反。趙醫師告訴我，由高原反應引發的感冒要看是否有咳嗽、發燒等症狀。如果咳嗽不斷，且坐著比較不咳，代表已經出現肺水腫現象。輕微的腦水腫從外觀上觀察不太出來，患者意識都還算清楚。測試方法有二：請患者站著，如果他想找牆壁靠著，站不到兩分鐘就想坐下，坐不到一分鐘就想躺著，通常就是腦水腫的徵兆。第二種方式則是要患者試著慢慢走直線，若無法走直線；或者抬單腳站在原地卻站不穩，也都是腦水腫的徵兆。
- 服用藥物必須有醫生處方：想要預防高原反應，趙醫生建議可以吃些有益氣功效的中藥，如丹參滴丸。或是在出發到西藏前的七至十天，服用紅景天，增加血液中的含氧量，提高免疫力。儘管這些藥品或許能夠減輕高原反應，但是在高原反應發生時，還是需要在第一時間到醫院，由專業醫生進行診斷、對症下藥，千萬不可聽信偏方擅自服藥，或自己拿氧氣鋼瓶吸吸氧就自以為沒事了。
- 學習腹式呼吸法：出發前多運動，鍛鍊體力，並訓練自己學會腹式呼吸。到西藏時，我常告訴團員要深呼吸，因為在海拔三千六百公尺的地方，平均含氧量只剩下台灣的三分之二，一呼一吸之間，進入體內的氧氣就比在平地少三分之一，身體再怎麼好的人還是會缺氧，所以必須要強迫自己用腹式呼吸法深呼吸。

● 葡萄糖可補充體力：趙醫師也建議到西藏旅遊時，可以自備單包裝的葡萄糖，在緊急狀況下當作是對抗高原反應時的營養針。假如因為高原反應而缺乏食欲，葡萄糖可以適時補充能量，增加體力。

藏區寺廟門上的金剛結，作為祈福用。

傳統酥油茶的製作過程。現在有越來越多藏族家庭用果汁機打酥油茶了，這種傳統製法已經很難見到。

註：這裡所提的高原反應預防與症狀，是我個人多年在西藏帶團的經驗，僅供參考。如在西藏旅遊過程中遇到高原反應等身體不適狀況，務必要在第一時間尋求專業的醫療協助，切勿自行判斷病症或擅自服用成藥而延誤就醫時機。

擦澡不等於洗澡?!

每次帶團員進西藏時，不管是出發前或是到了西藏當地，我都會苦口婆心地提醒團員一些注意事項，希望減少高原反應的症狀。例如要求團員第一天到西藏要多休息、不要洗澡，因為洗澡會讓毛細孔放大，容易著涼感冒，提高得到高原反應的機率。

其實團員會不會得高原反應，我從團員的行為就可觀察出來。如果是抱著「征服」（甚至是小看）心態而來，九成會得高原反應。反倒用謙卑心態來西藏的團員，為了適應高原環境，動作變慢、放緩步伐，反而沒事。我曾帶過一位八十二歲的團員，安然無恙地走完整趟川藏行程，但同團的年輕人逞能貪快，沒多久就倒的倒、掛的掛。我常跟團員說，西藏是不可能被征服的，因為你連自己都征服不了，更不要說要去征服這第三極地。

但總有一些團員不聽勸，鐵齒地認為在台灣都可以冬天晨泳了，還怕什麼高原反應？常常一到拉薩飯店，就把所有警告拋諸腦後，不但不好好休息，還洗澡、洗頭不擦乾。太過輕忽，結果就是著涼感冒。在平地感冒或許沒什麼大不了，但是在高原上一旦感冒，輕微的高原反應只是噁心、想吐、四肢無力，嚴重的併發症如肺水腫、腦水腫，都有致命的可能。

糟糕了，莫非是H1N1？

二〇〇九年七月，參加二十二天阿里團的團員小山（化名）就是個典型例子。身高一百八十公分、體重破百的他，高壯體型配上沉重的專業攝影器材，在團體中很難不引人注意。

我們抵達拉薩兩天之後，就一路朝向日喀則、拉孜前進，第五天來到措勤。到措勤之前，小山就說身體有些不舒服，我測量他的心跳和含氧量，發現心跳高達一百四十下，含氧量卻在四九%到五五%之間。我一向的做法是團員含氧量只要低於七〇%時，我就會提供氧氣鋼瓶，小山也不例外，只不過他吸氧之後，含氧量也只回升到七十五到八〇%，給他再多氧都沒有幫助。當晚，我就決定要送他到措勤縣的人民醫院就醫。

名目是縣立醫院，但是被草原、河流、湖泊等原始景觀包圍的措勤，其規模和醫療設備連台灣的衛生所都稱不上。更糟的是，在這幾乎沒有觀光客的地方，醫院所醫治的大都是當地藏民，根本缺乏高原反應的急救經驗和醫療用品。我心裡盤算最糟糕的

措勤縣立醫院地處偏遠，醫療資源有限，二〇〇九年九月由團員一起捐贈醫療用品。

狀況應該就是這樣了，沒想到，有發燒症狀的小山還引爆了另一個危機。當時剛好H1N1全球大流行，小山因為感冒引起的發燒讓醫院提高戒備，馬上通報檢疫單位。檢疫單位的人員如臨大敵，仔細詢問我們的行程，知道我們來西藏已經五天而曾在香港轉機後，就不斷用我們聽不懂的藏語和醫生、院長討論。

我發覺事態不妙，馬上請現場的藏族導遊翻譯，才知道他們有意把我們全團扣留在醫院隔離觀察。這下子非同小可。我心想，哇靠，如果遭到扣留，就是全團二十六名團員和十位吉普車司機與導遊，全都不能走，觀察期少說也要七天。此外，發燒的小山還要做檢疫隔離，但醫院沒有醫治高原反應的相關經驗和設備，我們留在這裡一點用都沒有；同時也無法用救護車緊急後送小山到其他地方醫治，因為沒有足夠的醫療設備支撐兩天兩夜的車程，小山很可能在半途就有生命危險。

盤算過後，我們只能想辦法脫身。那時已經是晚上十一點多，我假裝不知道他們想扣留我們的計畫，若無其事地跟院長聊天：「你們真的好辛苦，這麼晚了還在工作。」接著隨口問說，「醫院是不是很缺一些醫療器材啊？」

院長毫無戒心地回答：「對。」打蛇隨棍上，我馬上接著說：「這裡應該要多些設備才行，我經常帶團走這條路線，先前我曾幫某家醫院帶來一些醫療用品，你們有沒有需要我幫忙的？」院長一聽，就拿了張紙，洋洋灑灑地寫下八、九項醫療器材，頓時兩人之間就從陌生人變成了朋友。

距離札達縣城十八公里的古格王朝遺址。古格王朝建於西元十世紀，卻在三百多年前突然消失，留下三百多個窯洞與保存較好的五座寺廟、殿堂。

最後我挑明了問：「院長，您是不是擔心我們從香港來有H1N1？我也不想為難您，但是要我在這裡多留一個禮拜，後果會很嚴重。我答應您，每天都會跟您報告狀況。這樣吧，您把獅泉河檢疫單位的電話給我，我們一到獅泉河，就會跟檢疫單位報到，可不可以？」

由於醫院無法給予小山什麼協助，我們的誠意也讓醫院同意放行，當晚我一回到下榻處，馬上就通知所有團員，隔天早上八點半準時出發。我擔心一旦醫院向獅泉河檢疫單位報告後，我們可能就走不了了，得趕在他們上報之前出發。我知道這樣做對防疫來說是不可取的，但我有十足把握，小山是得了高原反應，不是H1N1。

我沒有洗澡，只是擦澡

當晚開始，我就跟小山睡同一個房間，就近照顧。我發現他晚上一進到房間，就脫掉所有外衣、長褲，僅穿著內褲，還提了桶冷水進到浴室。

我大叫：「你要幹嘛？」

他說：「我要去擦澡。」

我氣急敗壞地說：「你要拿冷水擦澡？你如果這樣做一定掛掉，把水放下！衣服趕快穿好。我不是警告過你不能洗澡嗎？」

他無辜地說：「我沒有洗澡，只是擦澡。」讓我一時啞口無言。

右頁：在塔爾欽能見到如此清晰的岡仁波齊神山山峰，是十分幸運的事。

連續兩個晚上四十八個小時，我不斷給小山氧氣鋼瓶吸氧，又幫他指壓，只要一量體溫有發燒現象，就要他吃自己帶的退燒藥。到了獅泉河後，我馬上讓他去人民醫院檢查，診斷結果是嚴重的肺水腫。但人民醫院沒有處理過高原反應，護理人員連開氧氣瓶調整氧氣量大小都不會。我知道小山不能待在這家醫院，但往後行程是更艱難的札達、塔爾欽、帕羊、珠峰，一個患有肺水腫的人絕對不能到這些高海拔地區。我帶著他走是危險，單獨留下他也是危險。

我與小山商量後，做好緊急醫療後送的決定，到拉薩就醫；而當務之急就是找到懂得處理高原反應的醫院。隔天早上，我拜託吉普車隊裡的司機小胡，請他幫忙一定要找一家軍醫院，因為軍人來自四面八方，其中一定有人尚未適應這樣的低氧環境就要出操，而引發高原反應。所以軍醫會有處理高原反應的經驗，也會備有應付高原反應的醫療設備。像是日喀則第八軍醫院的趙汝頻醫師，曾經當過珠峰登山隊的隨團醫師，對於高原反應的處理就很有經驗，找軍醫絕對有能力幫小山，就算是後送我也才放心。

但是，一般部隊不收老百姓，更何況是遊客。小胡跑了好久，才找到阿里軍分區，向他們解釋有個台灣遊客有很嚴重的高原反應，請求他們協助。結果人一帶去，他們的保防系統緊張地跑來問我們一連串問題，「你們來西藏幾次了？不是有一般的人民醫院嗎？為什麼會到我們這個單位就醫？……」

針對他的問題，我據實以告，「我來西藏六十多次，每次帶團都會有一、兩個團員

位於岡仁波齊神山下的江札寺，至今已有八百多年的歷史。據說無法轉神山的人，可以繞著這寺廟轉一圈，功德等同於轉聖山一圈。

有高原反應，如果是在日喀則，是送到第八軍醫院；到拉薩，則送到軍區總醫院；在林芝，會送到第一軍醫院。」我一口氣說了各地軍醫院的番號，一旁記錄的上尉驚訝地問我怎麼知道得如此詳細。我繼續說：「不是我不送去人民醫院，我們昨晚有去，但他們卻連開氧氣都不會，我怎麼放心留團員在那裡？醫院裡沒有治療高原反應的設備，也沒有經驗，但我知道你們有……」經過這一連串詢問後，軍區總算點頭答應了。

同時間，我也聯絡了台灣的保險公司和家屬，並詢問家屬對於小山醫療的意見。當天中午家屬就決定要後送，並由保險公司照會軍醫院，從日喀則調派一輛救護車趕到獅泉河接小山，在醫生和護士陪同下，再從獅泉河一路後送小山到拉薩醫治。才一天工夫，小山就順利脫離險境了。

當初答應措勤人民醫院院長的事我也沒敢忘記，同年九月，在許多團員支持的「多揹一公斤」的活動中，我帶著院長所列的醫療器材和所有人的愛心到措勤。那張清單我一直留著，與當時院長燦爛的笑容，一同收藏。

●保旅遊平安險：為了保障團員，除了觀光局要求的兩百萬意外險和三萬元的醫療險，我的旅行社會額外為每位團員投保三百萬元的意外險和二十萬元的醫療險，裡面還包括海外緊急急難救助。但是這些保險可能還不夠支付全部的海外急難救助費用，所以通常出發前，我會請團員再加保旅遊平安險。

●就地醫療或後送由當事人或家屬決定：對於領隊來說，海外急

上：西藏三大聖湖之一的那木措，藏語為「天湖」，海拔四千七百公尺，湖水是來自念青唐古喇山溶化的雪水，是中國第二大鹹水湖。

下頁：從古格王朝的遺址看出去，可見到札達盆地壯觀的土林地形。土林是河湖沉積的半固結岩石隨著地面抬升，經過長時間的風化、沖刷，所形成的垂直節理結構。

難救助的申請流程是必備的專業。過去要尋求海外急難救助可由旅行社協助，直接聯絡保險公司決定是否要遣送到他地醫療或是就地醫療。法令修正後，現在的海外急難救助申請，領隊除了第一時間要通知家屬和保險公司之外，還需要家屬的同意才能決定是否要轉院治療。

●必須提供保險公司相關資訊做緊急後送安排：當團員發生如小山的緊急情況時，領隊首先要盡快安排就醫，並聯絡該團員投保的保險公司，以便提供詳細資料申請急難救助，

塔爾欽鎮上最好的招待所，裝潢簡單克難。左手邊是一整排的房間，兩邊走到底分別是共用的浴廁和餐廳，右手邊面對的是塔爾欽最繁榮的街道。

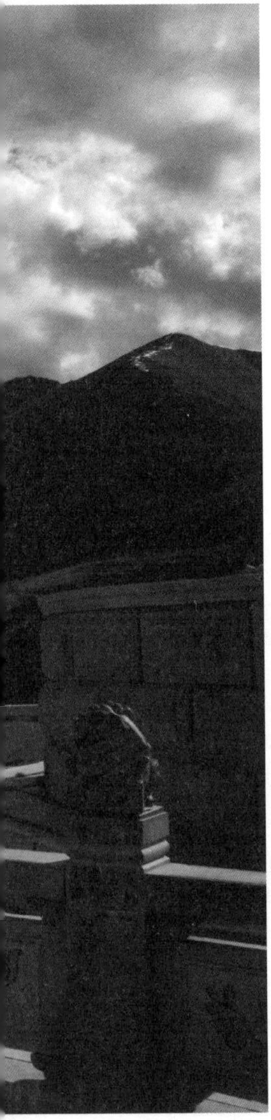

包括投保人姓名、出生年月日、身分證字號、投保人的緊急聯絡人、領隊的姓名與聯絡電話、目前就醫的院所名稱、聯絡電話、病床號碼、主治醫師姓名、旅行社的台灣聯絡人姓名與聯絡電話。

- 必須確認有專業醫療團隊接手照護：同時間，領隊必須和其他團員解釋目前處理的每個步驟，讓所有團員了解情況，並且繼續原有行程。對於病患，除了有醫療人員的照顧，領隊必須視情況安排翻譯或一到兩名陪同照顧者。若需要轉送，翻譯或陪同照顧者都必須要待到確認有專業醫療團隊接手和家屬陪同後，才能離開。
- 請保險公司提出備用方案以應付各種意外：由於西藏路況難以掌握，原本只需要一、兩天的路程，會因為路況不佳或車子出問題而延誤後送，所以通常申請緊急救難協助時，我都會提醒家屬，盡可能向保險公司提出備用方案，以應付轉送途中的各種意外。例如申請救護車時，提出備用車要求；準備足夠的氧氣筒，在路途上要隨時補充；車上的醫療器材必須有備份。

米拉山口，海拔約五千公尺。從拉薩要到林芝地區必須翻過米拉山口，因為海拔高、空氣稀薄，容易因為高原反應而身體不適。

不要拔藏刀！

剛開始帶團進西藏時，路上所見都是乞丐和小販，尤其是布達拉宮和八角街等景點附近，常見到多名小販同時圍著觀光客央求買東西。我會提醒客人，盡量不要和這些小販打交道，只要開口問了價錢，不管最後買或不買都可能惹上麻煩，嚴重的甚至有生命威脅。

很多團員都以為這是危言聳聽，想說只不過是買個東西照顧小販的生活，有這麼嚴重嗎？但等到真的碰上了麻煩，才知道要從這群小販中全身而退有多麼困難。

小販搶生意，就算見血也不在乎

二〇〇五年，我帶團從那木措回到拉薩時，途中在以溫泉享有盛名的羊八井停留，讓客人可以在漫長的行程接近尾聲時，好好泡溫泉紓壓休息。大部分的客人在羊八井

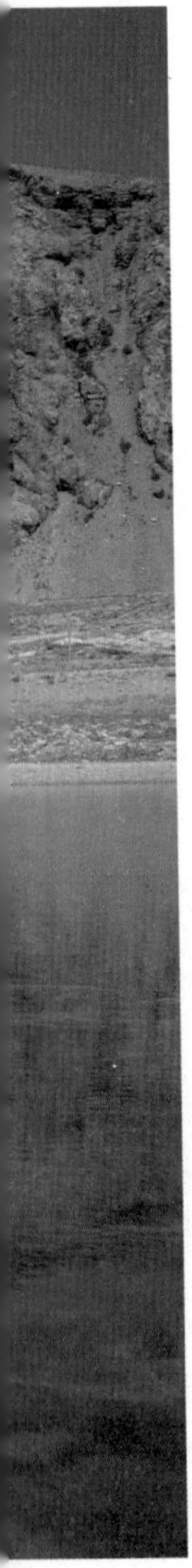

那木措與湖中倒影。

觀光區內的游泳池畔閒晃，還有兩名團員在附近逛地攤。這些藏人攤販所賣的通常都是天珠、綠松石、轉經筒、耳環、項鍊、藏刀、佛像、佛頭等。

休息時間過了四十分鐘，突然從停車場一邊傳來老藏人的喊叫聲，「殺人囉！殺人囉！」打破原本優閒的氣氛。我和導遊一聽到叫聲，趕緊把客人集中到游泳池邊的涼亭內，避免客人受到無妄之災。

上：在西藏逛攤販，如果無意購買，最好不要開口詢價。
下：西藏街頭一邊轉著轉經筒，一邊口念六字真言的藏人。

此時我們兩個人突然想到外面還有兩名團員在逛攤買東西，不約而同地跳起來大叫，「殺人？會不會是我的客人被殺了？」一面暗忖：該不會是客人因為殺價與攤販吵架，結果被殺了吧?!我和導遊兩個人急忙往外衝，邊跑邊拔出隨身攜帶的藏刀，和匆忙衝進來警告大家的老藏人擦身而過。

老藏人一見到我們拔藏刀，對著我們大喊，「不要拔藏刀！不要拔藏刀！」但我們一心只想救客人，完全不理會他。

等我和導遊兩個人跑到停車場旁的攤位，就見到兩個藏族小販手拿著至少三尺長的藏刀互砍，看著手中不到二十公分長的藏刀，我們兩人馬上收起藏刀向兩旁彈開，閃得遠遠的。我定睛一看，其中一人的頭皮已被削去了一塊，血流如注，而對手的手腕可能因為擋刀也正在流著血。原本逛地攤的團員，則躲在幾十個圍觀的藏人小販中。

一見到團員平安無事，我和導遊趕緊請所有人上車，就怕公安一來，在場的我們全成了證人或關係人，免不了要做筆錄，這一拖下去，整團就不知道哪時才走得成。萬一筆錄答得不好，說不定還會牽連我們。

離開後，目擊整起事件的團員才告訴我，那兩個藏人之所以會互砍，是因為我的團員本來要向第一家小販買東西，但價格談不攏就離開了。沒想到走到隔壁攤子時，聽到整個討價還價過程的老闆馬上說：「你開的價錢我賣給你。」此話一出，馬上得罪了第一家攤販，認為第二家小販不夠意思搶了他的生意，才會氣到拿起藏刀互砍。

問了價錢卻不買？那就別想走！

那次事件，讓我見識到藏人對於買賣道義的看重，一個不小心就可能踩到地雷。我就曾見過有觀光客拗不過小販哀求，買了其中一個小販的東西，卻引來其他小販兜售。已經買好東西的觀光客當然是拒絕買，沒想到這些小販卻沒好氣地說：「同樣的東西你跟他買，卻不跟我買，是不是看不起我？」說得理直氣壯。

被小販嗆聲事小，萬一不幸被群起圍攻，情況就難收拾了。二〇〇六年，我帶

團到布達拉宮參觀，才一到門口就有團員與小販起了糾紛。原來是團員向小販問了價錢後，就被小販纏住。為了能讓團員順利入內參觀，我出面替客人解圍，沒想到卻惹惱了小販，朝我胸膛揍了一拳，罵道：「都是你，不是客人不要買，是你叫客人不要買的。」

我耐著性子說：「你不要這樣，我們現在要進去布達拉宮參觀，實在沒有時間跟你買東西。」話一說完，我轉身趕緊帶著客人離開。

參觀完後，我知道那些小販一定記得我們這群沒有買東西的旅行團，為了避免客

右頁：那木措與遠處的念青唐古喇山。
上：那木措的古岩壁畫，距今有一千多年的歷史，內容多為當時狩獵情況及大自然圖騰。
下：那木措旁的瑪尼堆，寫滿經文的石頭。

人又因為買東西的事情被小販攔下、招惹事端，我特地在後門出口向所有團員宣布，「跨出這個大門，向前走二十公尺就會見到我們的車子。這段路程，要請大家配合一件事情：絕對不要跟小販搭話。我在這裡先拜託你們，否則我們可能會離開不了。」沒想到，在客人上車之前還是有狀況發生了。

在這短短二十公尺的路上，每個客人身邊至少都跟著一、兩個小販，不停喊著：「五塊」、「十塊」、「幫我買一個，讓我有飯吃嘛！」我正慶幸所有團員沿路上都沒搭理時，有個團員在踩上巴士階梯的時候，可能覺得連十塊錢都不願意幫忙實在過意不去，就回頭問那個一路上跟著她的小販說：「多少錢？」

小販一聽到有人問價錢，馬上提高價碼，「二十塊錢！」原本那個團員是好心想幫忙，卻因為小販獅子大開口，一氣之下就不想買了，頭也不回地踩上第二個階梯。這一舉動卻惹怒了小販，把我的客人硬是從車上拉了下來，大罵「妳問了價錢卻不買，是不是要觸我霉頭啊？」。

我要導遊趕緊上前拉開正在拉扯的雙方，連司機也上前幫忙了。拉扯間，導遊撥開小販拉住女團員的手，可能力道過大，小販向後跌了一個踉蹌，馬上不甘示弱地大喊，「打人囉！你怎麼可以打我！」這一喊不得了，旁邊五、六十名小販一聽到藏族女人大喊被打，紛紛圍過來看是誰敢欺負一個弱女子，準備幫族人出氣。當下我要所有客人趕緊上車出發，沒想到車正準備開動時，小販們就把車子團團圍住，想把司機拖下車，讓我們走不了。混亂之際，有小販直接從司機旁的窗戶伸手鬆開司機座位旁

的門鎖，打開門，直接拿藏刀砍向司機的大腿。

我見狀馬上對著所有團員大喊，「你們現在拿起相機對著這個人拍照，我們的司機就是他砍的！」同時間，我也對著外面躁動的藏人小販說，「你們誰要是敢再接近，我就他媽的全都拍下來！」這時小販鼓譟的情緒才開始稍微收斂，直到二十分鐘後公安趕到現場，我們才得以全身而退回到飯店。

形勢比人強，花錢消災保命要緊

當天下午，公安要求我們到公安局一趟，因為小販已經放話說他們的女人被欺負了，如果不善了這件事，我們司機就要償命。

當我們人到公安局時，外面已經有兩、三百名藏人圍在外面，等著我們對這件事情做個交代。一走進公安局，裡頭站著一名身材高大的年輕小夥子，是小販們的老大，外面的藏人全是他吆喝來的。

一見到我們，他就撂下狠話：「有很多人認識你們的司機，哪天在路上被人家捅了，不要說是我們做的。」並要求我們拿出一萬塊人民幣和解費，用來打點包圍派出所的藏人，不然身為老大的他很難對底下的人交代。

我們一見情勢比人強，知道這事情不解決不行，以後如果我們的司機真的出了意外，絕對跟他們脫不了關係。我們只能好話說盡、鞠躬哈腰請他高抬貴手，再請公安

右頁右：小攤上子常見的轉經筒與法器。（西藏旅遊局提供）
右頁中：八角街販售籠屜的小販，籠屜就是我們所說的蒸籠。（西藏旅遊局提供）
右頁左：布達拉宮的門口，常有小販向遊客兜售各式各樣的小東西。（西藏旅遊局提供）

上：拉薩街頭常可見到小販推著車子，載著各種藏式風格的項鍊、耳環、轉經筒、天珠等。
下：拉薩街頭有專賣經幡的小攤子。行程中若有經過山口或寺廟，可以買幾幅經幡掛上，為自己和親朋好友祈福。

局局長、拉薩市書記當和事佬，和解費從一萬降到一千元人民幣。這段恩怨，也就在交出這一千塊後畫下句點。

雖然這件事情讓我覺得窩囊，明明是我們的司機被砍，最後卻像我們理虧，還賠了錢才能全身而退。很多客人或許覺得才十幾二十塊錢，為什麼不能幫助他們？這種惻隱之心無可厚非，但是藏區很多小販為了求生存，常會用強硬態度面對客人，一旦交易沒做成，很容易翻臉不認人。所以我常叮嚀團員切實遵守導遊及司機說的注意事項，否則輕則耽

每到重要節慶，西藏各大寺廟總是擠滿前來祈福的藏人。

誤行程，重則讓所有同行的人陷入危險，釀成無可挽救的遺憾。

給旅行者的提醒●

西藏購物注意事項

● 找店家購物：如果真的想要買東西，最好還是找有店面的商店，在品質上比較保險，也比較有議價空間。小販賣的東西往往隨處可見，不只品質差，也攙雜贗品或瑕疵品，有時還不能隨便開價及殺價。

● 詢價不買就是觸霉頭：遇到前來兜售的小販，盡量不要詢價、不要搭理，可以省了許多麻煩。否則最後可能因為價錢談不攏不買，而被他們認為觸霉頭。

● 無意購買請直接拒絕，別說「等一下」：台灣旅客對於小販的糾纏有時會不好意思直接拒絕，而會習慣性地說「等一下」，讓當地小販以為你有意購買而在旁邊等著，不會去招攬其他客人。這樣的認知差異很容易造成誤會。如果最後遊客仍堅持不買，可能就會上演全武行。

● 注意假喇嘛真騙財：路上除了要提防小販，也要注意化緣的人可能是假冒的喇嘛。在西藏，有些人會假扮喇嘛，手上拿著「我是某某寺廟出來化緣」的牌子當街化緣。許多遊客可能會給一、二十塊，對方就會拿出紙筆要遊客填上名字、地址等資料，說要幫忙祈福。等到遊客填完後，馬上又跟遊客收人民幣五百、一千元。如果不給，還會被威脅說家人或朋友有厄運劫難。諸如此類的詐騙手法在西藏時有耳聞，要特別留意。

另外，也有不少人在西藏旅遊時碰過假裝是夫妻的漢族男女，手上抱著年幼的小孩，說他們來此地找工作，卻用盡盤纏，希望能給點錢讓他們一家餬口。有時你在同一個地方待久一點，還會看到好幾組這樣的人，千萬不要上當。

不用挑水了

有一群人到西藏不是為了旅遊，而是想為這個地方的人奉獻一些心力！高逸工程公司的員工就是這樣一群人。而這份機緣，要從高逸工程公司董事長高樹榮先生的西藏之旅說起。

高先生在二〇〇九年到大陸子公司視察時，剛好有六、七天的空檔，就和他在各企業擔任高階主管的五個朋友一起前往拉薩及日喀則。這六天的所見所聞，讓高先生真心喜歡上西藏這個風土民情特殊、地處偏遠的地區，藏人的純真善良及生活的困苦也讓他印象深刻。他們一行人在路邊休息時，常有天真的小孩跑到他們身邊，接過他們送的糖果餅乾，笑得好開懷。

從基層員工做起的高先生，深刻了解到唯有善良、單純與知足，才能在如此辛苦的環境裡活得很幸福，希望員工也能親自感受到這樣的環境。因此當二〇一〇年高逸工程籌備員工旅遊時，他就提議到西藏，並獲得八成員工的支持，我也才有這個機會認識高先生及六十二名高逸工程公司的員工。

從絨布寺看珠峰，照片前方的建物為絨布寺。要拍下除卻雲霧的珠峰峰頂，除了在珠峰大本營近距離拍攝，還可選擇到世界最高的寺廟——絨布寺取景。

每滴水都得來不易

行前我去高逸工程做簡報時，曾和高先生聊起他的西藏之行，當時我跟他說：「你們這次員工旅遊將會投宿在珠穆朗瑪峰大本營前的絨布寺，到時候你就會看到當地的藏族小姑娘，是如何將你們要喝的水從遠處的山上一桶桶揹下來，一天可能就要揹個十桶、二十桶，十分辛苦。」

每個要到珠峰大本營一覽世界最高峰的旅人，幾乎都會在全世界最高的廟宇——絨布寺對面的招待所待上一晚，不過招待所裡沒有自來水設施。洗菜、煮飯、煮酥油茶、洗碗要用的水，都是招待所裡正值荳蔻年華的藏族姑娘上山揹下來的。這些姑娘每天從招待所往上坡走上四百公尺，到達海拔五千一百公尺的水源處，將一桶桶的水揹回招待所，一桶水大概就是一個客人的用水量，重約三．五到四公斤。如果要接待二十名團員，就要揹上二十桶的水備用。這些藏族姑娘為了能夠在隔天早上七點準備早餐，必須在零下低溫的大半夜，摸黑上山將要用的水揹回來。

高先生聽到後，就問我「難道不能用埋管的方式接水嗎？」，我向他解釋，因為當地冬天水會結冰，要接管可能沒有這麼容易。對於有這方面專業的高逸工程公司來說，過去也從來沒有在零下低溫進行過給水工程。高先生一聽就說：「那好，就我們公司來贊助這整個建置費用，不僅可以多個經驗，順便也讓我們有機會改善絨布寺的生活環境。」我決定就在高先生參加的第一梯次員工旅遊時，讓他看看絨布寺的實際狀況。

分梯員工旅遊接力行善

二〇一〇年五月，高先生親自去了一趟絨布寺，看過實際情況後，馬上交代同梯次的工程師、設計師，實地丈量、拍照，然後回到台灣畫設計圖。等到六月第二梯次的員工來到絨布寺時，就把先前第一梯次所畫的設計圖帶來做覆勘，檢查設計圖與實際狀況是否符合。

到了七月，第三梯次的員工抵達絨布寺，並由總經理帶著工程師，以及在拉薩找到的施工包商，對照著設計圖實地再做一次履勘，討論工程細節，比如埋管深度、如何接管線等等，總經費估計為人民幣九萬元，全由高逸工程負擔。因為包商工頭實際參與整個履勘過程，所以工程很順利地一次就完成了。

參加這三梯次員工旅遊的高逸工程員工，以接力方

以往絨布寺招待所的用水都得像這樣一桶桶接水，在高逸工程員工接力完成接水工程的規畫後，由當地包商完成最後施工，包括挖溝、布管線等，圓滿解決了絨布寺招待所的給水問題。現在打開廚房水龍頭就有水流出來。

式順利完成這項給水工程，也讓我打從心底佩服這群在休假旅遊中仍認真付出的員工，甚至可能犧牲一生就看珠峰那麼一次的機會，都堅持要先完成工作。

善行，讓珠峰的雲笑開了

當天我帶著第三梯次的員工到絨布寺時，已經是下午四、五點，剛好可以見到珠峰的大半部，這等好運，並不是每一團想到珠峰大本營欣賞第一高峰的客人都能碰上的。就我自己多年帶團經驗，有時旅客歷經舟車勞頓，好不容易來到珠峰大本營，但天公不作美，珠

在絨布寺招待所工作的藏族姑娘，給水工程未完成之前，她們要來來回回上山揹水。

峰山體完全被雲霧遮住。如果有機會能讓團員見到只被雲霧遮住部分的珠峰時，我會在一到絨布寺後就趕緊讓旅客整裝、做好保暖措施，趕在夕陽西下前到珠峰大本營欣賞珠峰。不然錯過了這個機會，就得等到隔天清晨才有機會，否則就只能抱憾而歸了。

因此我當時心裡盤算著，先讓第三梯次的員工到大本營看珠峰，然後再回到絨布寺履勘，連絨布寺招待所經理札西也催我趕緊帶團員過去，否則會錯過看珠峰的大好機會。令人意外的是，高逸工程員工卻把履勘看得比旅遊還重，堅持先進行給水工程的履勘，以便得到最確實的資料。結果這一履勘就花了兩個多小時，已錯過了欣賞珠峰的機會，只能看隔天的天氣再說。

第二天一早我在出發時，還特別從絨布寺遠眺，見到珠峰完全隱沒在濃霧中，當時心想「糟糕了，昨天應該堅持到底的，想必珠峰是無緣一會了」。抱著可能見不到珠峰的預期，我帶著團員來到準備換乘環保車上大本營的地方，此時霧漸漸散去，等我們到了大本營時，大家不禁「哇！」了一聲，晴空萬里下的珠峰全景一覽無遺。

因為高逸工程受惠的人不只是挑水的藏族姑娘，還有在絨布寺的「阿尼」（女眾法師），不管是在寺內或宿舍，取水都更方便了。現在只要打開水龍頭就有水，不用再辛苦地上山揹水。

完成給水工程後，高先生和我也討論過要如何進行第二期的給電工程。此外，我自己也想在絨布寺建立簡易的醫療站，萬一登山客和旅遊團在珠峰發生高原反應，可以趕緊送到距離珠峰只有七公里的絨布寺，用氧氣鋼瓶等設備急救，不需後送到三個半小時車程以外的醫院。讓每個來這裡的人都能無後顧之憂，帶著親眼看過珠峰的回憶，平安回到自己的家。

給旅行者的提醒●

賞珠峰注意事項

●清晨與傍晚時刻最佳：陽光太強，會讓地面的水、雪融化蒸發產生水氣，進而升起為雲層，反而容易遮住珠峰，所以正午時分最不容易看到珠峰。能夠看到珠峰的最佳時機，夏天最好是在清晨十點以前，或下午四、五點到晚上八點左右，冬天則因為日照時間較短，大概到晚上七點多。

●最佳欣賞地點：珠峰大本營、絨布寺、加烏拉山、老定日、協格爾。行程安排上，建議在珠峰大本營附近的絨布寺招待所住一晚，就有兩次機會欣賞到珠峰，一是在太陽快下山前，或是隔天清晨時分。愛好攝影的人，建議在距離珠峰一百公里遠的協格爾住一晚，趁日出之前、清晨五點多出發前往珠峰，一過了檢查站到加烏拉山（大鬍子山），剛好碰上日出，就可見到陽光同時照射在珠峰、洛子峰、馬卡魯峰、卓奧友峰、希夏邦馬峰等五座

左頁上：純真善良、樂天知命的藏人。
左頁下：絨布寺招待所的住宿房間，天氣晴朗時，窗外看出去就是珠峰。絨布寺海拔高達五千多公尺，入夜後氣溫驟降，夏夜氣溫也可能下降到零度。（陳卓君提供）

八千公尺高山上，就像日照金山一樣，然後再前往絨布寺，在絨布寺再停留一晚，就可近距離欣賞到珠峰。

●證件、門票不可少：包括入藏批函、台胞證，以及進入珠峰大本營的門票。很多人以為收驗門票和購買門票的地方是一樣的，但買門票的地方，是在離珠峰自然保護區約一小時車程以外的協格爾縣城，如果沒有先在協格爾買好門票，就算是備齊了入藏批函和台胞證過了檢查哨，還是得要回到協格爾買票再進珠峰，如此來回波折就會浪費許多時間了。

●禦寒、防曬措施：珠峰大

珠峰大本營前經常可以見到登山隊伍就地搭營。想要登上珠峰，必須要事先申請通過。

本營入夜後氣溫很低，就算夏天，晚上的正常溫度都在零度到零下五度左右，所以保暖衣物一定要帶齊，睡覺時則要有墊被、棉被，上面還要再加上毯子，才能在沒有暖氣的山上抵禦寒冷，也要戴著毛帽睡覺。此外，在海拔高達五千兩百公尺的地方，儘管氣溫很低，但紫外線很強，防曬要做好，以免曬傷。

如果冬天要去看珠峰，保暖工作要做得更徹底，從鞋子、雪褲、圍巾到帽子缺一不可。這裡的冬天不只溫度低，風也很強，會產生急速風凍效應（強勁的冷風會帶

下：清晨前往珠峰，經過遮古拉山口時可以見到希夏邦馬峰的日出。希夏邦馬峰的海拔八千多公尺。

上：夕陽下的珠峰，有位喇嘛正走入這片即將進入黑夜的寂靜。

走體溫，讓體溫急速降溫），很容易感冒，得高原反應。為了保暖，我建議有機會一定要喝酥油茶和奶茶，補充身體熱能。

- 注意高原反應：珠峰大本營海拔達五千兩百公尺，含氧量只剩下平地的一半，遊客容易有高原反應。要上珠峰大本營，不管是否要過夜，一定要準備好高原反應的急救設備，包括氧氣鋼瓶、醫師所開的高原反應藥品等。
- 預定住宿要注意：在珠峰大本營附近能夠住宿的地方，除了絨布寺招待所、環保車購票處附近的帳篷區，另外就是鄰近絨布寺招待所的珠峰觀測站。要注意的是，珠峰觀測站屬於學術研究單位所附設的餐廳與住宿點，常會因為要保留住房給來訪政府官員，原本訂好的住宿地方會突然被取消。
- 自備礦泉水：自行搭帳篷住宿，有幾件事情要特別注意。首先，取水一定要選擇乾淨的水源，最好是不斷湧冒出來的泉水。退而求其次，則是河水或融化的雪水。這裡的水質屬硬水，對腸胃消化不是很好，建議拿來洗滌就好，不要飲用。
- 自備乾糧：不管是在絨布寺或珠峰大本營，飲食選擇很有限，建議自行帶乾糧、罐頭或泡麵充飢。
- 小心野狗攻擊：由於電力有限，晚上或清晨都要摸黑上廁所，除了要準備手電筒，為避免野狗攻擊，最好要有人陪同比較好，手上拿著木棍（木棍高度不能比狗狗還低）和石頭可以嚇阻。記得眼睛要盯著牠看，同時找機會避開，野狗就比較不會攻擊。
- 搭吉普車上山較安全：前往珠峰大本營，最好搭乘吉普車。進珠峰的山路崎嶇狹窄、顛簸，大巴士要轉彎很困難，爬坡緩慢，需要耗時五到六個小時，比吉普車多出兩、三個小時。搭乘巴士除了浪費時間，安全也比較沒有保障，同時不利於團員有狀況時緊急後撤。

● 冬天必備雪鏈：冬天上珠峰，車上一定要準備雪鏈。因為前往大本營的路上有山泉水流到道路上，遇到低溫會結成一大片冰面，或是小河漫出河面結冰，路面容易打滑，沒有雪鏈就無法繼續前進，安全也是一大問題。

請別帶他上車

台灣人想到西藏旅遊，除了備齊有效加簽的台胞證外，還必定要有申請入藏的批函。如果行程中要到邊境等軍事駐紮要地，除了一般的入藏批函外，還必須另外申請西藏外事辦與軍區作戰處的批函。不只如此，遊客出入被列為軍事要地的景點，例如普蘭口岸、亞東口岸，都必須在檢查哨接受證件檢查。在二〇〇八年三一四西藏暴動後，檢查更為嚴格，少了一種證件，或團員名單和實際進出人員的證件不符，不單是整團會被扣留檢查，嚴重的還可能會中斷行程，直接被遣返拉薩等地。

鑽漏洞只會更掃興

我曾多次帶團經過檢查站時，看到地上攤滿了衣物、盥洗用品，一走近才知道有台

身著黃衣的是當日法會的領經師，帶領其他喇嘛一起念經。

灣旅客證件出問題，所有旅客都被要求攤出行李裡的所有東西，進行徹底搜查。我也遇過糊塗團員把台胞證放在寄存於拉薩的大行李內，結果人都到了幾百公里外的珠穆朗瑪峰山腳下，才發現身上沒有證件。不管我們怎麼跟檢查哨的武警說情，沒有證件就不能上珠峰，那位客人最後只能悵然留在山腳下，一覽珠峰的期待因此落空。

為了避免行程因為這些檢查或文件的問題受到耽擱，甚至被迫中斷，我合作的當地旅行社都會在出團前的一、兩個禮拜，就把所需要的相關證件準備好，包括入藏批函、軍區作戰處的批函、團員名單和證照等資料影本，就是希望縮短經過每個檢查哨所花的時間。尤其在旅遊旺季，或剛好遇上大批印度香客要到神山朝拜（動不動就是一、兩百個人或七、八十輛車等著過檢查哨），如果能事先將證件備齊（包括將全部的證件影印備份），將影印文件交給邊防檢查人員，就能節省許多查驗抄寫登記證件的時間。

軍演可不是開玩笑的

二〇〇六年七月青藏鐵路開通前，我曾經在帶團時發生過一件差點中斷行程的突發狀況。就在青藏鐵路開通前三個月，與西藏比鄰的印度擔心中國會利用即將開通的鐵路運送部隊、彈藥、飛彈到中印邊界，嚴重威脅印度的國家安全。原本從青海格爾木到西藏拉薩，軍隊運輸最快要五天，但青藏鐵路開通後，從格爾木到拉薩縮短為十三個小時。如果兩國間真有戰爭等緊急狀況，只要八到九個小時就能把洲際飛彈、長

在一般藏傳佛教寺廟常可見到喇嘛做法事，圖中喇嘛所拿的法器是大鼓。

程火箭運到邊防。於是，印度在中印邊界發動一連串的大規模軍演，想迫使中國上談判桌，展開會談。在印度派了兩個重裝師在邊界進行大演習後，中國政府也不甘示弱，從西藏林芝調了兩個重軍師，在林芝地區、山南地區邊界沿線也進行大規模演習。

早在兩國演習前，我已經有一團準備前往西藏。在這條戰事一觸即發的邊防線上，剛好包含了我們當時西藏行程景點之一——亞東口岸。亞東口岸屬於特定邊界的重要軍事重地，要申請通行批函已經很不容易了，沒想到出發前幾天，突然冒出臨時軍演的緊急狀況。由於團費收了、行程說明會也辦過了，就算要通知團員更改行程都為時

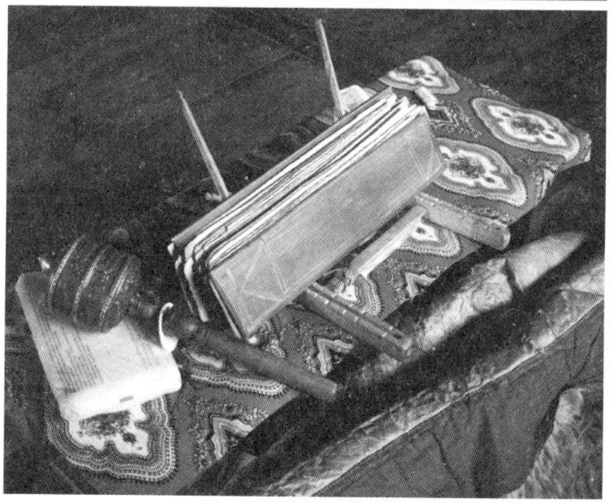

上：嘎舉寺位於堆拉口岸附近，喇嘛正在幫司機們製作保平安的吉祥結，並念經加持。

中、下：成疊經書放在閱讀書架上。喇嘛會一邊拿著轉經筒、一邊翻閱一頁頁的經書念經。圖為林芝八一鎮的布久喇嘛林寺。

已晚。還好，早在中印兩國大演習前，我們已經取得了能進入亞東的軍區作戰處批函，行程還是能照樣進行。

沒申請，就是不可以

只是在這緊張時刻，卻遇上了不配合的客人，差點讓整團行程出亂子。有個自稱在各地政商關係良好的客人，到了拉薩後就跟導遊說，想要帶一個他認識的喇嘛朋友上車。對於這種要求，我們都會委婉拒絕，並向客人解釋，西藏有嚴格規定，除非事先申請，否則不能隨意帶非團體名單的人員上車，例如當地的藏人就不能隨意上旅遊車。拉薩有很

藏人尊為聖湖之一的那木措。喇嘛行走在經幡飛舞下的路上，組成一幅神聖卻又平靜的圖畫。

多便衣，常常會察看旅行團有沒有帶藏人上車，一旦被發現違規，只需查車牌，馬上就知道是哪個旅行社的車子、原本申請的台灣旅客人數。如果無法對違規事項提出合理解釋，有可能司機、導遊和旅行社都會被罰錢，或甚至吊銷執照。

更何況，後續行程還包括邊界的亞東口岸。為了要進入亞東，旅行社好不容易申請到了批函，又遇上了演習的緊張時刻，邊防檢查勢必比平日更嚴謹。萬一我們冒險讓喇嘛上車，被人檢舉通報，相關單位可能會認為，我們要在這敏感時機幫助喇嘛逃亡，情況會變得更糟。

為了避免不必要的麻煩，導遊唐勇跟客人解釋，如果在出發前提出要求，旅行社可以直接在申請批函時，將這個要求列在任務單上，這名喇嘛也會出現在批函上的名單中。但現在人都到了拉薩才臨時提出要求，實在辦不到。

中國、尼泊爾邊界的樟木，是許多旅人進入尼泊爾的重要口岸。這個依山而建的小鎮，豐富的林木資源和現代化建築，與西藏其他城鎮擁有截然不同的風貌。

風險誰來扛？

聽完唐勇的解釋，客人馬上在飯店大廳裡發飆，「我在台灣認識很多立法委員、律師、媒體記者，要是今天不讓我帶客人上車一同旅遊的話，回台灣後，我絕對會告倒你們這家旅行社。」彷彿是我們的領隊、導遊和司機故意刁難他，不給他面子。

那時我的旅行社剛開業一個月，領隊很緊張地問我該怎麼辦。我告訴他，「沒關係，你就按當地規定辦事，不能上車就不要冒險讓客人帶他的朋友上車。」領隊焦急地說：「可是他說他在台灣認識很多民意代表、律師和媒體，要告倒我們。」我安慰他說：「沒關係，如果真是這樣，那也是我的命。」

我請領隊向其他團員解釋，他們

普蘭，又被稱為被雪山環繞的地方，南有喜馬拉雅山脈，北有岡底斯山脈。大約在兩千多年前，這裡曾是象雄的中心轄區之一。

都能諒解我們的難處。同時，我們也問其他團員，願不願意接受可能會被取消亞東行程的風險？如果不幸被抓，每個人可能要分攤五萬元人民幣的罰款，願意嗎？結果根本沒人願意。但這名客人還是不死心，一直說要多付錢也沒有關係，堅持一定要帶喇嘛上車。但我認為這不是錢的問題，如果行程被取消，其餘的客人（包括他在內）一定會怪旅行社的安排不當，甚至會覺得旅行社知道這事情的嚴重性卻還不制止，是我們失職。

那時候我們也透過關係，找到那位在拉薩當地小有名氣的喇嘛，跟他解釋現在的狀況，同時也請他幫我們勸勸他的朋友。喇嘛這才恍然大悟原來事態嚴重，馬上答應我們的要求，風波才告落幕。

投機取巧，吃虧的還是自己

對於西藏當地的一些旅遊規定，千萬不要抱著鑽漏洞的心態，否則只是浪費自己的時間。像是在三一四西藏暴動後就有特別規定，所有旅行團每天晚上必須到下榻所在地的公安局報到，如果少了報備的動作，下個景點的檢查哨可能就會拒絕旅行團進入。我公司的導遊就曾發生過，因為前一晚忘了到住宿地的公安局報到蓋章，結果隔天經過檢查哨時，整團就被要求立即返回出發地報備，為了補蓋個章，所有人只得再原車拉回一百多公里的出發地。

給旅行者的提醒

入藏的各項申請

很多人都以為西藏和其他旅遊景點一樣，可以隨心所欲想怎麼玩就怎麼玩。實際上，除非是事先申請和安排，否則臨時起意想變更行程，或突然加入成員，都會讓行程充滿變數，最後吃虧的還是自己。

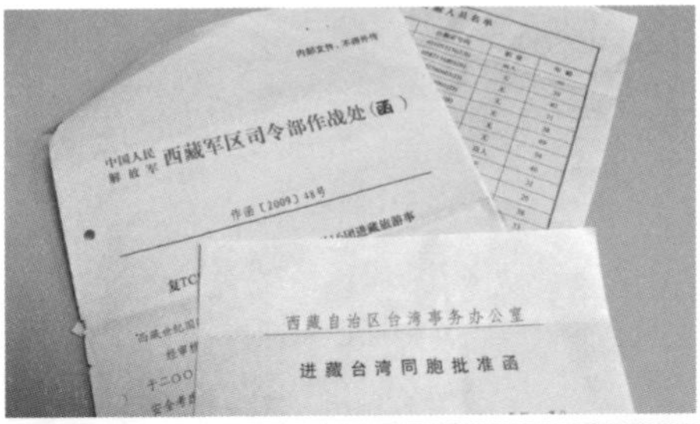

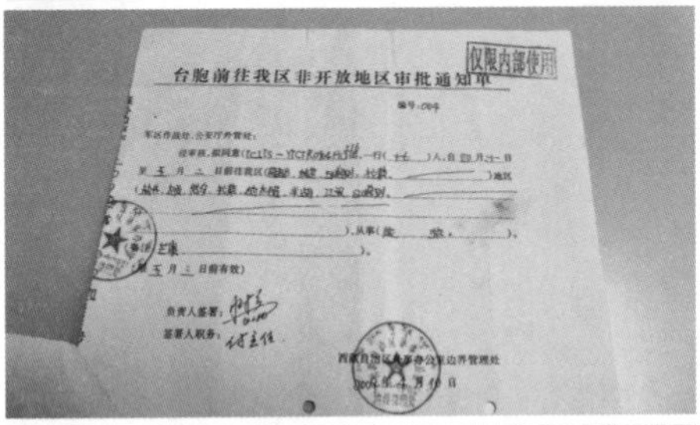

上：要到西藏旅遊，一定要申請入藏批函。

中一：前往西藏邊防地區旅遊，需要額外申請軍區作戰處的批文。

中二：前往普蘭的路上。位於中國、尼泊爾、印度三國交界的普蘭屬於軍事重地，想要欣賞這裡的雪山之美，得先要有軍區作戰處的批函。

下：在瑪旁雍措旁時常有成群的印度香客到此朝拜。通過檢查站時若遇上印度香客的朝聖隊伍，證照檢查就要花不少時間。

●入藏批函省不得：要進西藏旅遊，除了台胞證外，必須要有入藏批函。所謂的入藏批函，其實就是「進藏台灣同胞批准函」，是由西藏自治區台灣事務辦公室發的，作業時間大概要兩天。辦理入藏批函，第一必須要有台胞證，且要確認進入西藏的日期必須在加簽的有效期限之內；第二是旅行計畫書，也就是旅遊行程表。第三是需要當地旅行社做保，擔保你不會在西藏滯留不歸，或不會發生其他問題等等，才能夠申請入藏批函。

不管是陸路或搭飛機，都必須要有這張批函才能進藏。如果是搭飛機，在機場報到時，航空公司會要求出示入藏批函，沒有這批函就無法取得登機證，接著通關前的安全檢查也會

右：哲蚌寺是喇嘛最多的寺院，為藏傳佛教格魯派的六大寺院之一。格魯派又被稱為黃教，由宗喀巴大師所創。

左：藏傳佛教大型法會中使用的長號，聲音低沉。

根據入藏批函，一個一個照名單檢查。如果是走公路進西藏，經過檢查站時就會檢查入藏批函，沒有入藏批函，旅客就會被遣返。我曾看過有旅客利用過期的入藏批函作假而被查到，除了自己被遣返外，幫你做保的旅行社也會被罰錢。

- 到邊防地區需單獨申請批函：行程中若要到靠近邊界的景點，像是鄰近印度、尼泊爾邊境的林芝、昌都、珠峰，除了必備的入藏批函，還需要外事辦與軍區作戰處的批文。外國旅客想要軍區作戰處的批文，還得先有外事辦的批文，才能辦理軍區作戰處辦批文。走阿里地區則需要邊防通行證。

  想要到邊境或敏感地區旅遊，如昌都地區、林芝地區、亞東口岸、樟木口岸、阿里地區、普蘭，必須要有軍區作戰司令處所發的「非開放地區軍區作戰處批函」，通常需要一個禮拜的作業時間。要拿到這個批函，必須先申請「台胞前往我區非開放地區審批通知單」，這是由西藏自治區外事辦公室連絡管理處發的，通常也需要一個禮拜的作業時間。

  這些批函上，都必須載明這趟行程中會到的所有縣城，不能遺漏，否則到了該地也會不得其門而入。比如去阿里地區的札達、獅泉河等景點，若軍機作戰處所給的批函中沒寫進札達，就不能去札達，就算只是經過也不行。因為這些地方靠近邊界，有些甚至是在國土未定界的附近，所以申請和檢查都會特別嚴格。

- 到邊防一定要有導遊陪同：除了證件規定，現在還規定不管是你獨自旅遊或十個人以上的旅行團，要到邊防景點玩，例如離印度很近的札達、或是離尼泊爾很近的珠峰，一定要有當地導遊陪同。如果沒有當地導遊陪同而被查到，幫你做保的旅行社就會被罰。

● 特定身分需要特批：有幾類人因為身分特殊，會比一般旅客更難拿到入藏批函，必須經過中國的中央國務院特批才行。第一類是有言論豁免權的外交使節；第二類是擅於群眾運動的民意代表；第三類是記者、作家等從事媒體相關從業人員，顧慮他們會在當地散布敏感性的政治言論；第四類是從外地申請到西藏的藏族，這些人通常會被懷疑是西藏流亡政府的一員，所以要再申請進西藏會比較困難。不過只要通過特批，這些身分特殊的人還是能夠進入西藏的拉薩、江孜、日喀則等地，但要到邊界地區，證件是否能順利下來就得看情況。

強龍不壓地頭蛇

除了多變的天氣、難料的路況，在我十三年的西藏帶團經驗裡，考驗我的還有在藏區遇到的形形色色的人。在拉薩，除了藏族，還有來自四川、甘肅、雲南等鄰近省分的人，為了搶食西藏旅遊的這塊大餅，紛紛在當地承包旅行社的業務或擔任導遊等工作。這些年下來，我在當地合作過的夥伴中，有些曾為了利益翻臉不認人，有些卻始終是得力的左右手。

你不懂台灣人的幽默

小吳是我最早在西藏合作的夥伴之一。有次我帶青藏公路旅行團時，因為某個導遊講解太差勁，讓客人氣得當場破口大罵。團員執意要換掉導遊，我只得請當地旅行社再派一名導遊給我。當時西藏導遊不多，又剛好碰上雪頓節旺季，根本沒有多餘的導遊可換，於是導遊公司的副總小吳只好親自下陣。接到這個任務時，他還納悶，「到底哪來的旅行團，旺季時還要挑導遊？哪有這麼刁的客人？」

隔天有團員得了高原反應，我必須陪同就醫，當天行程就全交由小吳處理。我千交代萬交代，要他帶客人去用餐時，一定要盯著廚房炒菜，注意每道菜都要少油、少鹹、少辣。小吳很稱職地完成我交代的任務，加上景點講解內容豐富，客人對他的服務都很滿意。

沒想到當晚我人還在醫院照顧團員，就接到小吳的電話。他在電話那端大吼著，「李領隊，明天你們那個團我不帶了！哪有那麼刁的客人？」

我問他怎麼回事，他才委屈解釋說好意問客人是否對菜色滿意，結果有個客人就故意刁難說每道菜都太鹹、太辣、太油，還要整團的人都跟著他起鬨。

我知道我絕對不能讓小吳走人，否則隔天的景點解說就要唱空城計了，而且也違反了當地的旅遊規定。我只好在電話裡跟他說：「小吳，我們都是大人了，你要辭導遊就要當面跟我說，不要在電話裡講。再過十五分鐘，我就會回到飯店大廳，你在大廳等我。」電話上我說得不疾不徐，其實心裡七上八下的。一火速回到飯店，我就找了

碰上雪頓節等大節慶時，可以見到藏人搭帳篷野餐，或聚集在廣場或路邊玩「巴拉秀」，類似於我們玩的大富翁。

客人求證，事情經過確實如小吳所說，但小吳沒提到，在他打電話給我之前，他也曾當著客人面前發飆，「你們是什麼客人？這麼難搞！明天我不帶你們了！」

一聽完來龍去脈後，我就見到小吳氣呼呼地走過來，當下我只有一個念頭：不管怎樣都要把這個導遊留下。我靈機一動，對他說：「小吳，不曉得我是該罵你還是讚美你。」原本氣呼呼的他當場愣住。我接著說，「我不曉得是要讚美你太單純，還是要罵你太不懂得幽默？我問你，我們在學校念書時，有沒有故意起鬨捉弄過同學？都怪你不懂得我們台灣人的幽默，我這個客人會這樣做，其實是想要拉近你們的距離，結果你還罵客人啊？」

他一臉無辜地問我，「那我現在該怎麼辦？」我說：「趕快去跟客人道歉啊！」

耍狠，我就得更狠

在這之後連續三年，我帶的旅行團都直接交給小吳公司安排。但在合作後期我發現，小吳報價總是比同業高。我念在他一直對我幫助不小，不想直接撕破臉，還主動向他提出比其他同業還高的利潤，想要讓他接團，卻被他拒絕，後來接連幾個團我都轉交給別家做，與他漸行漸遠。

二〇〇五年有次我帶團到西藏，他邀我當天晚上一起喝咖啡，還專程來飯店接我。但上了車後發現，我們去的並不是咖啡廳，而是一家卡拉ＯＫ。一進到卡拉ＯＫ的包

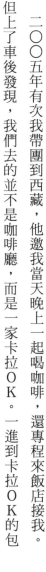

廂，已經有五名年輕人在裡面等我們。酒過三巡後，小吳開門見山地說：「李大哥，我知道你現在的團都交給誰做。我跟你說，以後你的團都要讓我做，要是不給我，從今以後你就不要再進西藏了。」

小吳講話時，在場年輕人紛紛拿出各自準備好的二十多公分長的藏刀削指甲。小吳一講完，這五個人就齊聲喊，「大哥，只要你吩咐一句，小的一定辦到！不管是什麼事情，絕對沒問題。」

我當場明白這是下馬威。如果我妥協了，他會賺走所有利潤，而我以後也沒法再做西藏團。想到這些年我已經從新疆絲路旅遊線退到做西藏線，這次絕對不能再讓步了。但眼前情勢明顯對我不利，就算是打架，也無法以一擋六。我想到「強龍不壓地頭蛇」的原則，就笑笑地對小吳說：「這種事情要好好談，明天我們再找時間細談，今晚就先唱歌喝酒啦！」氣氛馬上緩和了下來，小吳也笑著連聲說好。

那晚之後，我明白告訴跟我合作的旅行社、司機、藝品店老闆與夥計們，如果以後團體給小吳操作的話，我就無法跟他們繼續配合了。隔天，這些合作夥伴陪著我一起與小吳見面，他身邊還是跟著昨晚那群年輕人。我直接對小吳說：「小吳，你說我以後進西藏的團都要交給你做，可是在座有些人可能不答應唷，要先問問他們的意見。」我接著說，「不然這樣，就先看我李茂榮答不答應。」我拔出藏刀就往手背上一劃，再用嘴巴舔了一口汩汩滲出的血水。

我說：「你們要玩，我就奉陪到底。等一下我會下手更重，往肚子再插上一刀，敢

右頁右：藏族結婚時的打扮。藏族婚禮長達三天，有專人跳藏戲唱歌助興，親朋好友們則一桌桌打起方城之戰。（陳卓君提供）

右頁左：藏族婚禮中有專門的敬酒隊，拿著酒高聲唱歌。（陳卓君提供）

豁出命的就留下來跟我談。不敢的，現在就給我走。」話一講完，前晚才拿著藏刀嚇唬我的年輕人就全跑光了，剩下小吳留下來跟我帶來的人敬酒。我想在西藏生存，就必須把小吳這條臍帶切掉，你耍狠，我會比你更狠，這招是要讓我昔日的合作夥伴看到我破釜沉舟的決心。

不爭，才是真大氣

結束和小吳的合作關係，我開始和另一家旅行社合作，才讓我有機會遇到現在一起在拉薩經營飯店的合夥人周萬林。一開始認識周萬林時，他

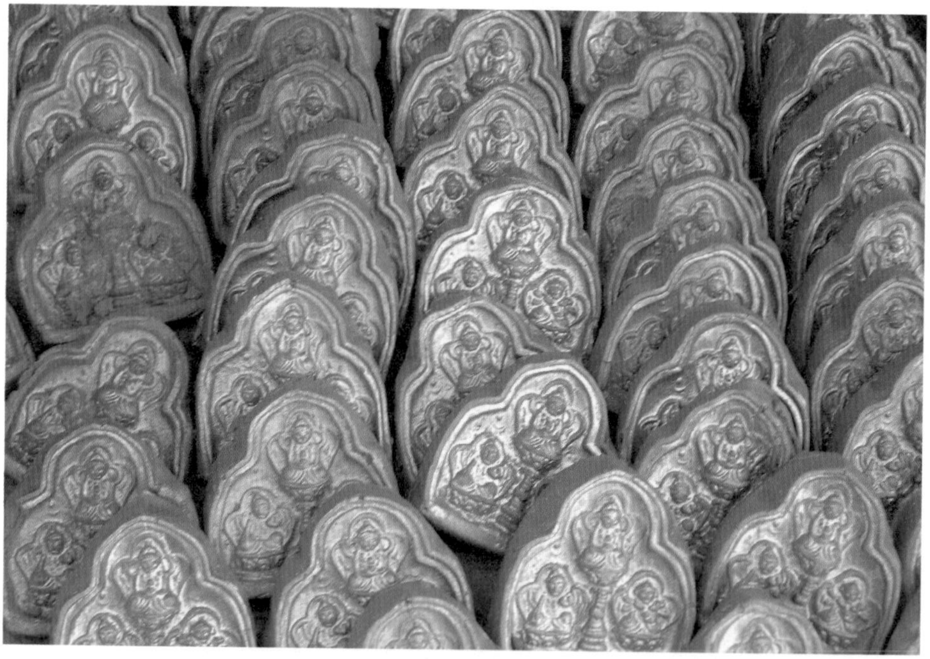

「擦擦」主要用於消災祈福。做法是用銅模壓塑黏土成型，等晾乾後再上漆著色。藏民會將此放置在寺廟、佛塔、山頂、馬尼石堆，祈求家人平安。

只是這家旅行社的辦事人員，專門幫團體處理送件、票務、入藏批函申請等工作。跟這家旅行社合作一年多後，卻在二〇〇六年四月生變。當時帶的西藏團要前往中印邊界的亞東口岸，需要軍區作戰處的批函，卻不巧遇上中印兩國在西藏邊界軍演的突發事件，批函更難申請得到。但團體出發在即，白紙黑字公布出去的行程是不能再更改了，爭取到軍區作戰處的批函是唯一選擇。

就在出團前幾天，這家旅行社的負責人小謝打電話問我，「你能不能把旅行團從A藝品店轉到B藝品店？因為B藝品店的老闆承諾，只要把團轉到他們那裡，他就可以幫忙把批函申請下來。」

右：位於山南地區澤當鎮外的昌珠寺，這是吐番時期西藏的第一座佛堂。寺內的二樓護法神殿外掛了許多跳神面具，舞者會戴著這些面具，舞出祈福、納幅戲碼，信徒會在面具上塞錢。

上：西藏的藝品店。

我聽了很火大，批函並不是申請不下來，而是看準我有出團壓力，硬是要我把旅行團賣給B藝品店，那我算什麼？我找A藝品店的老闆商量時，剛好巧遇已與小謝結束合作關係的周萬林，當時他已經轉到A藝品店工作。當天他開車送我回飯店時，我問他，「以後我在這裡要處理旅行團，應該找誰幫忙？」他不加思索地回答：「你還是找小謝吧。」

我對他的答案很驚訝，因為兩個人拆夥後，光是搶生意都來不及了，怎麼還會有人把上門的生意往外推。我這才發現周萬林是個大氣、不會挖別人牆角的好夥伴。這樣的人，正是我想合作的對象。於是我馬上問他，「你想不想自己開旅行社，如果願意，我以後就跟你合作。」

自此之後，周萬林就成為我在拉薩旅遊事業的合作夥伴，我們一起經營了一家飯店，去年在拉薩當地也申請成立旅行社順利核准。

現在帶團進西藏時，還是不時會碰到小吳。沒了當初威脅我的霸氣，他現在變得客氣多了，碰到我時會刻意避開。不過，我會從遠遠的地方就大聲喊他，「小吳，看到我都不會打招呼唷？」彷彿又回到我們剛認識時的那種奇妙關係。而那晚藏刀劃在我手上留下的小疤，總是一再提醒著我，人生啊，難免有得有失。

給旅行者的提醒

西藏旅遊緊急應變要領

● 人身安全優先：在西藏人生地不熟的地方，碰到突發狀況，首務之急是保障自己的人身安全。比如在川藏公路沿途可能會遇上搶匪，絕對不要認為自己有能力對付，要以人身安全為第一優先。

● 找第三人求援：在當地尋找你能運用的資源，例如旅行社、當地的導遊、台辦，或是直接打電話回台灣，向親人和朋友求援。

● 少輸就是贏：如果難以從突發狀況中脫身，或許就要退而求其次。有時不要太計較自己吃

以往要去珠峰大本營，必須搭乘馬車才進得去。為了要與當地馬幫的馬伕套好關係，與他們在絨布寺招待所裡喝酒同樂是必要的。

了虧，要用「少輸就是贏」的態度去面對這些突發狀況。例如我曾遇過出車禍的狀況，雖然錯不在我們，但是為了不耽誤到後面的行程，我們還是決定賠償了事。拖得越久，事情會變得夜長夢多。

● 務必留下書面證據：不管是糾紛和解、賠償等，一定要盡量有公安當公證人，並將和解書、賠償費用等當面簽名、交付，最好過程能夠用錄影或照片存證，才不會發生翻臉不認帳的問題。

雪頓節時的跳藏戲活動，藏語稱為「跳欠」，就是一般所稱的「金剛舞」。圖為在青海省同仁縣的吳屯下寺。

撰稿後記

我的心靈啟蒙課

陳卓君

在一生之中，每個人能否有一次檢視自己的機會？

我很幸運，在我生活職涯陷入迷惑混亂與矛盾時，老天安排了這個機會，給我兩位指引方向的導師——我的表姐欣頻和李大哥，感謝他們兩位給了我一把書寫的鑰匙，開啟了親炙西藏的大門，上了一堂與李大哥對談三十小時的心靈啟蒙課。在無數個夜深人靜或天近破曉的寫作過程中，西藏旅途的記憶和訪談錄音，一遍又一遍地在我內心反覆地琢磨著，透過書寫，逐漸療癒我混沌未明的內心。

因為西藏的旅程，讓我更欽佩李大哥這十三年來的西藏之旅。

親自走一趟西藏就會明白，不是每個人都能承受得起當地刻苦的生活條件與辛苦的旅遊過程。高原反應所導致的頭暈、失眠，以及隨時都要擔心會不會受寒感冒，就怕高原反應加深了感冒病毒的氣燄。對於已經習慣安逸生活的我來說，每天都是一種回歸到最原始生活基本需求的挑戰。只要能夠清醒地看見太陽、喝到一碗熱熱的湯麵，或甚至是能安穩地一覺到天亮，就是滿足。但李大哥在十三年間走過西藏的各個角落，每次帶團都得歷經適應高原的生理不適、遇過各類艱辛的突發狀況，還要肩負起照顧每個團員、隨團師傅和導遊的責任，生理適應與心理的壓力之大，豈是在旅程中只求睡飽吃足的我能夠體會的。

但也因為這趟旅程，讓我極度羨慕李大哥這十三年來的心靈之旅。

我在西藏的十六天中，眼見所及的人、事、物，皆是再簡單不過的原始單純，我那如浮萍許久未定的心，因為這難得的純粹，找到回家的路。西藏的大山大水就如同明鏡，讓每個造訪的旅人，都能看見自己的過去、抽離現在、望見未來，再複雜糾葛難解困頓無奈煩惱傷感遺憾沉重的現實，都像是懸在每個西藏山口、隨風飛舞的經幡一般，輕輕地飄往天際的另一端。再多的名利權貴財富地位的光環，在這片大山大河前都相形失色，因為在旅途中，這些光環無法讓你躲開旅途中所有的艱難，唯有靠著自己的意志力，才能度過這些考驗。就像在人生的道路上，也只有自己才是唯一。李大哥比我更幸運，在這十三年中，能夠無數次地在寧靜的聖湖前或是珠峰前，將人生的起伏，交給了這能補充心靈能量的極地，並且比一般人有更多的時間，體會人之於這大地的渺小與對人生該有的豁達。

與李大哥的對談、採訪過程中，我讀到了一本專屬於李大哥的西藏人生之書，每段經歷都像是一堂心靈探索課。每個故事，都是透過他自己的人生經歷，串起在西藏所遇到的人、事、物。也許只是簡單的一句話，或是一個再平凡不過的人，或是純粹的藍天與白雲，就能讓人放下心中的罣礙包袱。每個足以讓人失去鬥志的人生困境和現實衝突，或許沉重地足以擊垮你，但比起這些樂天知命的藏族或是只求一家大小、牛羊牲畜平安溫飽的期望，這些現實挫折似乎變得不再令人沮喪，反而更感謝老天提醒自己應該珍惜已有的一切。

帶團時嚴謹不苟的李大哥，講起自己的故事時完全流露出性情中人的一面，說到激動處，不免飆出幾句髒話口頭禪；說到傷心處，仍忍不住流下男兒淚。為了能重現當時情景，甚至比手畫腳地演了起來。而我，像是看到一齣夾雜感人、溫馨，時而爆笑、時而辛酸的電影，心情也隨著每個故事高低起伏，也不斷藉此反思自己的生命。我有幸能親自聽到李大哥所說的西藏故事，我也希望用最忠於李大哥原意的口吻和語氣，再次陳述出那每個發人深省的當下，讓每個讀者都能第一手感受到李大哥對於人生的體驗與分享。

最後，容我用僅知的書寫，感謝協助完成本書的每一份子。首先要感謝馬可孛羅的維珍和特約編輯雪珠，在書寫的過程中所給予的各項建議。其次是感謝九一一阿里團的所有團員、師傅和導遊，因為在整趟旅行中若沒有你們的支持，我無法完成西藏之旅；沒有你們回台之後繼續不斷的支持打氣，就無法順利完成這本書。

最後，我想將這本書獻給我最親愛的家人——媽媽、弟弟，謝謝你們一路以來包容我多年的飄泊不定，默默支持著我完成每個階段的夢想。也將此書，獻給在天國的爸爸，謝謝他在我開始走上寫作後所給予的支持。

【旅人之星】MS1042X

走入西藏：十三年專業導遊找到祝福生命的力量

作　　者　李茂榮、陳卓君
封面設計　兒日設計
新版編排　兒日設計
總 編 輯　郭寶秀
特約編輯　莊雪珠
新版校對　林俶萍

發 行 人　凃玉雲
出　　版　馬可孛羅文化
104 台北市民生東路二段 141 號 5 樓
電話：886-2-25007696
發　　行　英屬蓋曼群島商家庭傳媒股份有限公司城邦分公司
104 台北市中山區民生東路二段 141 號 11 樓
客戶服務專線 :(886)2-25007718；25007719
24 小時傳真專線：(886)2-25001990；25001991
讀者服務信箱：service@readingclub.com.tw
劃撥帳號：19863813　戶名：書虫股份有限公司

香港發行所　城邦（香港）出版集團有限公司
香港灣仔駱克道 193 號東超商業中心 1 樓
電話：(852)25086231　傳真：(852)25789337
馬新發行所　城邦（馬新）出版集團 Cite (M) Sdn.Bhd.
41-3, Jalan Radin Anum, Bandar Baru Sri Petaling,
57000 Kuala Lumpur , Malaysia
電話：(603)90563833　傳真：(603)90576622
讀者服務信箱：service@cite.my
輸出印刷　前進彩藝有限公司
二版一刷　2023 年 5 月
定　　價　499 元（紙書）
定　　價　350 元（電子書）

國家圖書館出版品預行編目 (CIP) 資料

走入西藏：十三年專業導遊找到祝福生命的力量 / 李茂榮，陳卓君著．-- 二版．-- 臺北市：馬可孛羅文化出版：英屬蓋曼群島商家庭傳媒股份有限公司城邦分公司發行，2023.05
面；　公分．--（旅人之星；MS1042X）
ISBN 978-626-7156-79-7(平裝)

1.CST: 風物志 2.CST: 旅遊 3.CST: 西藏自治區
676.64　　　　112004377

城邦讀書花園
www.cite.com.tw

ISBN：978-626-7156-79-7（平裝）
ISBN：9786267156810 (EPUB)